퇴직 이후 놀이 · 여행 · 창업 이야기

나의 꿈이
너의 꿈을 빛나게

퇴직 이후 놀이 · 여행 · 창업 이야기

나의 꿈이
너의 꿈을 빛나게

프롤로그

나는 오래전부터 책을 쓰려는 생각을 해왔다. 36년 직장 생활 중 절반을 임원과 사장으로 지냈으니 할 말이 많았다. 그러나 그때는 글을 쓰지 않았다. 나에게 너무나 힘이 들어가 있었기 때문이다. 두 번의 직장 생활을 마치고 양양 어촌마을에서 6개월간 지내며 힘을 빼고 나서야 글을 쓸 수 있었다.

이 책은 첫 직장을 퇴직하고 청년을 위한 'CEO가 쏜다'를 하게 된 이야기로 시작해서 마지막 직장을 퇴직하고 창업해서 청년 CEO들을 돕는 이야기로 끝을 맺는다. 돌이켜보니 나의 꿈은 남의 꿈을 빛나게 하는 것이었다. 나로 인해 다른 사람이 꿈을 꾸고 그 꿈을 이룰 때 나는 가장 행복했다. 이 책을 쓰며 교회에서 만난 어린 친구들, 직장에서 만난 젊은 후배들, 단골 가게의 청년 사장님들, 친구와 친척의 자녀들, 선교지에서 만난 외국 청년들, 스타트업에 도전하는 청년 CEO들, 어려움을 겪고 있는 소상공인들이 생각났다. 이들이 잘 되는 것이 나의 꿈이다.

생각해 보니 가족들에 미안하다. 일을 핑계로, 누군가의 꿈을 돕느라 가족에게는 부족한 남편이고 아빠였다. 이 책을 통하여 진심으로 사과하며, 사랑하는 아내 황영미, 내가 의지하는 딸 은영, 나를 위로하는 딸 선영에게 사랑과 감사의 마음을 전한다.

인생길을 걸으며 행복했던 시간, 즐거웠던 장소, 사랑했던 사람, 소중했던 사건을 추억하며 썼기에 이 책은 자전적 성격이 강하다. 그러나 이 책의 주인공은 내가 아니다. 나의 인생 여정은 내가 정한 길이 아니었다. 보잘것없던 시골 소년이었던 내가 하나님이 인도하시는 길을 따라 하나님과 동행하며 하나님의 능력으로 살아왔으니, 하나님이 주인공이시다. 하나님은 나에게 좋은 부모 형제를 만나 화목과 섬김을 배우게 하셨다. 좋은 직장과 좋은 선후배를 만나 리더십을 배우게 하셨다. 따뜻한 신앙 공동체를 만나 선한 일들을 꿈꾸며 인생 후반을 준비하게 하셨다. 내 삶의 모든 것은 하나님의 축복이자 은혜임을 고백한다.

2022년 8월

꿈꾸는 요새에서

© 이요셉

Contents

프롤로그 5

Chapter 1 CEO가 쏜다 13
아픈 아버지의 지팡이였던 막내, CEO가 되다 15
CEO가 쏜다. 그 시작 19
입소문으로 모여든 청년들 23
대학, 군부대, 해외에서 만난 청년들 29

Chapter 2 청년들의 꿈이 빛나게 37
일터에서 만난 젊은 CEO 39
청소년들과 미션 임파서블! 51
친구 자녀도 나의 자녀처럼 59
중국에서 만난 특별한 청년 63
필리핀에서 만난 8개국 청년들 67

Chapter 3 꿈을 연결하다 75
기도하는 CEO들과의 만남 77
새로운 꿈의 시작, 라디오 진행자 83
장학생들의 꿈프로젝트 89

탈북 청소년들의 꿈을 응원하며　93
IT로 이어진 사랑 네트워크　99
MZ세대 청년들과 스타트업　107

Chapter 4 떠나야 꿈이 보인다　115

일본, 일과 여행의 시작　117
사무실에서는 팀장, 부엌에서는 주방장　121
일본에서 만두집을 꿈꾸었지만　125
퇴직 후 만난 여행, 네팔　129
다양한 인생을 만나는 여행　133
히말라야 트레킹에서 만난 세계　137

Chapter 5 놀아야 꿈이 보인다　147

혼자 또는 함께 놀기　149
함께 꿈꾸는 놀이터　157
꿈이 이루어지는 이야기, 시스토리　163
충전과 탐색으로 새 길을 찾는 여행　169

부록 | 시스토리　177

Chapter 1

CEO가 쏜다

아픈 아버지의 지팡이였던 막내, CEO가 되다

20대 초반 나의 꿈은 안정된 가정을 갖는 것이었다. 5남 1녀의 막내로 태어나 부모님이 일찍 돌아가셔서 빨리 결혼해 가정을 만들고 싶었다. 대학교 1학년, 겨울방학 미팅에서 동갑 여대생을 만났다. 그녀와 만나자마자 결혼의 꿈을 품었고, 6년의 연애 끝에 결혼을 했다. 대학원을 졸업하고 처가에서 신혼 생활을 시작한 지 3개월 만에 군대에 갔고 제대하자마자 큰 딸을 낳았다. 교수가 되고 싶었지만 20대에 가장이 된 나는 가정을 책임지기 위해 일단 금성사 **현 LG전자** 에 취직했다.

회사에서 컴퓨터와 어학을 배우고 돈을 벌어 유학가려는 마음에 금성히다찌시스템 현LG히다찌 로 직장을 옮겼다. 창립 멤버로 일본에서 45일간 기술 연수를 받고 돌아와 DBA로 일하던 중 다시 일본에 장기 출장을 가게 되었다. 20대 후반과 30대 초반 5년을 일본에서 일하며, 보람과 성취감을 느낀 나는 IT인의 길을 가기로 결심했다.

일본에서 돌아와 사내벤처 팀장, 마케팅 팀장, 전략기획 팀장, 경영기획 담당, 금융사업부장의 길을 걸으며 입사 23년 만에 LG히다찌의 CEO가 되었다. 사장이란 자리에 서기까지 여러 스승님들이 도와주셨다. 최관희, 최상규, 이해승, 이은준, 이기동 사장님은 내가 사장이 되기까지 성장의 길잡이가 되어주신 은인이시다. 지금도 전임 사장님들과 모임을 자주 가지며 자문을 받고 있으니 한번 스승은 영원한 스승이시다.

내가 직장에서 많은 분들에게 인정받을 수 있었던 것은 가족에게 배운 '섬김'덕분이었다. 어릴 적 부모님은 연세가 많으셨고 건강이 좋지 않으셨다. 그래서 막내인 나는 일찍 철이 들었던 것 같다. 맛있는 음식이 생기면 부모님 먼저 챙겨드리고, 부모님이 외출하실 때면 손을 잡고 지팡이가 되어 드리며 잔심부름을 도맡아 했다. 부모님은 몸이 편찮으셨지만, 막내인 나를 지극 정성으로 사랑하고 보살펴 주셨다. 어머니는 당시 시대를 굉장히 앞선 분이셨는데 사진기로 자녀들의 모습을 촬영해 남겨주셨다. 카레라이스와 빵 등 시골에서 먹기 힘든 음식도 자주 만들어 주시며 지극한 사랑으로 나를 돌봐주셨다.

초등학교 3학년이 되던 해 누나가 대학을 졸업하고 강릉에 내려왔다. 반에서 꼴등 하던 나는 겨울방학 동안 누나의 혹독한 가르침을 받고 공부 잘하는 학생으로 바뀌었다. 덕분에 무엇이든 노력하면 할 수 있다는 자신감을 배우게 되었다. 이후 나는 공부를 잘하게 되었고, 중학교에서는 전체 1~2등을 하는 모범생이 되었다. 꼴등만 하던 내가 누나의 도움으로 일등이 된 것이다. 도와주고, 격려해줄 사람만 있다면 꼴등도 우등생이 될 수 있다는 것을 몸으로 경험한 시간이었다.

중학교 3학년 2학기에는 서울로 전학 와서 큰형님 댁에서 공부를 하게 되었다. 신혼이셨던 큰형님과 형수님은 나를 비롯한 우리 형제들을 헌신적으로 보살펴 주셨다. 고등학교 3학년에는 아버지가, 대학 4학년에는 어머니가 돌아가셨지만 형님들이 부모님의 빈자리를 채워주셨다. 과천 셋째 형님댁에서 대학원을 다니고 그 이후에는 시흥 넷째 형님과 같이 살았다. 형님들은 물질적으로, 정신적으로 부모님처럼 나를 돌봐주셨다. 덕분에 나는 도움을 받고, 도움을 주는 삶의 기쁨과 감사를 배울 수 있었다.

집 마당에서 어머니가 찍어주신 아버지와 필자

강릉 옥천사진관에서 찍은 가족사진 (엄마 무릎 위에 있는 필자, 2살)

CEO가 쏜다.
그 시작

2015년 봄, 30년 동안 다녔던 직장을 퇴직하게 되었다. 퇴직을 3일 앞두고 기아대책의 유원식 회장님을 만났다. 글로벌 IT 기업에서 오랫동안 CEO로 재직하셨던 유 회장님은 국제구호단체에서 제2의 인생을 보내고 계셨다. 이런 삶이 너무나 행복하다는 말씀과 함께 내가 청년을 위한 단체에서 일하면 좋겠다고 조언해 주시며, 자신처럼 NGO를 맡을 수 있는 능력이 있어 보인다고 격려해주셨다. 며칠 후 유 회장님과 함께 '청년의 뜰' 대표 김우경 변호사를 만났다. 청년의 뜰에서 다음세대를 위한 일을 시작하게 되었다. 청년의 뜰에서 진로와소명 컨퍼런스를 시작으로 IT미션 컨퍼런스, 북경비전 컨퍼런스

등을 기획하며 멘토 강사로 섬기게 되었다.

다음세대 컨퍼런스에 강사로 참여하며 청년들이 CEO들의 일방적인 강의보다는 양방향으로 소통하기 원한다는 사실을 알게 되었다. 그렇게 해서 기획한 것이 'CEO가 쏜다'였다. 다양한 전문 분야의 CEO들이 맛있는 식사를 쏘고, 토크 콘서트 형태로 멘토링을 하면 청년들이 좋아하고 진로에도 많은 도움이 될 것 같았다. 첫 행사를 어디에서 열면 좋을까 고민하던 중에 둘째 딸의 소개로 '인더랩'이라는 레스토랑을 알게 되었다. 인더랩은 이태원 언덕에 있는 분위기 좋은 레스토랑으로 30대 초반의 잘생긴 오너셰프의 음식 솜씨가 좋아 젊은 이들에게 인기가 있는 곳이었다.

적은 예산으로 매주 수요일마다 몇 시간씩 장소를 빌릴 수 있을까 걱정하며 인더랩 장희영 대표를 찾아갔다. 청년들에 대한 나의 비전을 나누고 'CEO가 쏜다'의 취지를 설명하자 그는 선뜻 함께하겠다고 답했다. 장 대표는 유명 S기업을 다니다가 그만두고 카페를 창업하게 된 배경을 들려주며, 자신도 진로를 고민하는 청년들에게 도움이 되고 싶다고 했다.

2015년 12월 18일 금요일 오후 3시, 'CEO가 쏜다' 첫 행사가 열렸다. 추운 날씨에도 불구하고 16명이 참석했다. 청년들은 SNS에 올린 내용을 보고 왔는데 진로를 고민하는 대학생, 취준생, 직장 초년생들이 참여하였다. 강의나 토크보다는 CEO와 만난다는 것과 CEO가 식사를 쏜다는 것에 관심이 많은 것 같았다. 첫 행사에는 솔리데오시스템즈의 김숙희 사장님이 브런치를 후원해 주셨다. 인더랩 장희영 대표는 약속대로 행사 시간 동안 다른 손님을 받지 않고, 맛있는 수제 햄버거 브런치를 실비로 제공해 주었다.

사실, 'CEO가 쏜다'를 시작할 때 가족을 비롯해 많은 사람들이 걱정했다. 하지만 첫 행사를 하고 나자 멘토로, 물질로, 기도로 후원하겠다는 사람들이 나타났다. CEO 강사를 섭외하는 과정에서 재미있었던 것은 멘토로 나서기는 부담스럽지만 밥을 사는 것은 얼마든지 하겠다는 이들이 많았다는 사실이었다. 내가 단골로 옷을 맞추는 양복점 사장님도 매월 20만 원씩 1년간 후원해주셨다.

2015년부터 시작된 'CEO가 쏜다' 인더랩 카페에 모인 CEO들과 청년들의 모습.

'CEO가 쏜다'를 시작하며 가장 고민했던 부분은 얼마나 많은 CEO와 청년들이 참여할지였다. 그러나 이것은 기우였다. 바쁜 CEO들이 시간과 돈을 헌신하며 다음세대 청년들에게 자신의 경험과 지혜를 전했다. 또한 CEO들의 이야기를 열정적으로 경청하며 질문하는 청년들의 모습에서 진한 감동과 보람을 느꼈다. 그렇게 'CEO가 쏜다'에 함께 하는 이들이 하나둘씩 늘기 시작했다.

입소문으로 모여든 청년들

'CEO가 쏜다'는 이태원 인더랩에서 매주 수요일 오후에 열렸다. 2016년 새해 첫 행사에는 나모인터렉티브 김상배 대표, KT서비스 최은희 전무, 그리고 내가 멘토로 참여했다. 브런치는 김상배 대표가 쏘았다. 식사 후 2시간 반 동안 청년들이 궁금하거나 고민하는 것들을 질문하고 멘토들이 답변하는 방식으로 진행했는데, 주로 취업에 대한 질문이 많았다. 이력서를 어떻게 써야 하는지, 취업 정보를 어디서 얻을 수 있는지, 어떤 직업이 좋은 직업인지, 기독교인의 직장 생활은 어떻게 해야 하는지 등의 질문에 대해 멘토들은 자신의 경험과 생각을 바탕으로 진솔하게 대답하였다. 행사 내용을 정리해서 SNS와

블로그에 올리자 참여했던 청년들이 피드백을 남겨주었다.

● ● ● ●

"졸업을 앞두고 진로의 고민과 크리스천으로서 어떤 비전을 가지고 사회생활을 해야할지 고민이 많았는데 멘토님께서 현실적인 말씀 많이 해주셔서 정말 도움이 많이 됐어요. 학교에서 듣지 못했던 실질적인 사례 이야기도 많이 해주시고 무엇보다 저희를 위해주시는 마음이 느껴져서 너무나 감사한 시간이었습니다. 감사합니다."

이화여대 경영학과 주완위

"이 시대의 많은 청년들이 진로와 소명에 대해 깊은 고민에 잠겨있을 때에 청년들의 아픔을 어루만져 주시는 모습이 진심으로 존경스럽습니다. 앞으로도 예수 그리스도의 사랑을 청년들에게 널리 전파하여 주시고 그 가운데 하나님의 은혜와 사랑이 가득하길 기도하겠습니다. 부족하고 연약한 제게 조언해 주신 것들 다시 한번 감사드립니다."

최두섭 청년

"많은 도움이 됐고 걱정했던 게 해결됐습니다. 빨리 취직해서 어떤 경험이든 해보고 성장해 나가야 된다는 걸 알았어요. 감사합니다."

김○○ 청년

"어제 많은 말씀 듣고 많이 느낄 수 있었습니다. CEO분들께서 하신 모든 말씀 다 좋았지만, 특히 내 인생의 마지막 직업이 초라해선 안 되겠다고 생각을 해본 건 처음이었습니다."

이○○ 청년

· · · · ·

'CEO가 쏜다'를 매주 진행하자 입소문이 나기 시작했다. SNS를 보고 오는 청년들도 있었지만 대학이나 모임에서 단체로 요청이 오기 시작했다. 군산대학교 창업교육센터 학생들은 김현철 교수의 인솔로 전세버스를 타고 와서 1박 2일로 서울에 머무르며 행사에 참여하였다. 파이오링크 조영철 사장과 누리봄 이만희 소장이 멘토로 참여해서 창업에 대한 이야기를 나누었고, 친구 손윤종 회계사가 푸짐한 저녁 식사를 쏘았다. 도전정신을 가지고 창업을 공부하는 대학생들을 만나니 대견하고 반가웠다.

서울여대 컴퓨터학부 여대생들이 방문하였을 때는, IT 업계를 대표하는 여성 CEO, 이수정 사장을 멘토로 모셨다. 서강대 전자계산학과

현 컴퓨터공학를 졸업하고 전자회사에 최초 여성 공채로 입사한 이야기, 벤처 기업을 거쳐 BC카드에 여성 최초 대리로 입사한 이야기, 건강이 좋지 않은 자녀를 돌보기 위해 할 수 없이 퇴직하고 IT 회사를 창업한 이야기, 회사를 경영하며 겪었던 기적과도 같은 이야기는 학생들에게 큰 도전이 되었다.

직장, 대학, 교회에서도 'CEO가 쏜다'를 해달라는 요청이 들어와 월 1회 토크 콘서트를 진행하였다. 직장 첫 행사는 임원으로 있던 병원에서 30여 명의 직원들이 참석한 가운데 열렸다. 파워블로거인 여직원이 SNS에 올린 후기는 나에게 큰 격려가 되었다.

· · · · ·

"어제는 퇴근 후에 〈지친 일상 누려라 직장인 프로젝트 'CEO가 쏜다'〉에 참가했습니다. 나이가 드니 좁게는 학교, 넓게는 직장, 그리고 인생 선배들이 해주는 이야기는 제게 늘 힘이 되고 길잡이가 되어주곤 했답니다. 어렸을 적에는 어른들 말씀 들어서 손해 볼 것 하나 없다는 그 말이 잘 이해가 되지 않았는데, 이제 조금 나이가 들게 되니 그 말을 들 때면 저도 모르게 끄덕끄덕하게 된답니다. 그래서 더 기대가 되었던 행사였습니다.

너무 예뻤던 꽃과 수제 도시락, 30인분을 쏴주신 CEO님께 감사드립니다. 도시락을 먹고 마케팅혁신연구소 이준호 소장님, 청년세움 연구소 이창근 소장님, 위담한방병원 경영총괄 대표이신 최종원 대표님의 강연이 있었고요, 독일 트로씽엔국립음대 대학원에서 유학 중인 황성훈 테너의 특별공연도 중간에 있었습니다. 뮤지컬 지킬 앤 하이드에서 가장 유명하다 할 수 있는 '지금 이순간'과 영화 미션에서 엔니오 모리꼬네가 작곡한 '넬라 판타지아'를 불러주셨답니다. 뮤지컬 애호가로서 '지금 이 순간'은 수백번 들어도 참 가슴 뛰게 만드는 곡 같아요.

이날 강연에서 최종원 대표님께서 말씀하신 멋진 만남이 기억에 남더라고요. 하나님과의 만남이 기적을 만들고, 사람과의 만남이 역사를 만든다면서 멋진 만남에 대해서 역설하셨는데요, 늘 여행을 앞두고 설레는 것처럼 우리 인생도 긴 여행이니 늘 미래를 꿈꾸며 설레며 후회 없이 살아야겠다는 생각이 들었어요.

행사 중간에 제가 SNS에 올린 사진을 보고 아는 동생이 너무 부럽다며 폭풍 질투 카톡을 보냈어요. 마지막으로 단체 사진 촬영을 하고 행사장을 나서려는데, 문화상품권도 선물로 주셨답니다. 퇴근 후에 피곤함에 젖은 얼굴로 왔다가 정말 제대로 누리고, 즐기고, 힐링했던 시간이었습니다."

• • • • •

'CEO가 쏜다'에 참여한 단체 중 가장 기억에 남는 곳은 예수전도단이었다. 숭실대학교에서 40여 명의 청년들이 참여한 특강과 인더랩에서 두 차례 토크 콘서트를 열었다. 대부분 선교의 꿈을 가진 청년들이었다. '진로와 소명'이라는 주제로 강의하며 내 인생에 깊이 개입하신 '하나님의 강하게 붙드시는 팔'을 전했다. 나는 하나님이 내 삶에 동행하시며 나를 인도하셨고, 내 삶에 풍성한 열매를 주셨다고 믿는다. 직장인, 대학생, 교인들에게 공통적으로 말하는 메시지가 있다면 하나님이 우리 삶의 주인이시라는 것이다. 케냐에서 복음을 전하고 계신 조용일 선교사를 종종 떠올린다. 암으로 고생을 하면서도 아내와 세 자녀를 데리고 케냐로 간 그의 꿈은 무엇일까? 하나님이 내 삶의 주인이라고 고백하며 험난하고 좁은 길을 선택한 그의 모습에서 진로와 소명을 다시 한번 생각해 본다.

대학, 군부대, 해외에서 만난 청년들

불꽃교회에서 '4차산업혁명과 선교'라는 주제로 2017 ITMC IT Misson Conference[1] 행사가 열렸다. 행사 마지막 날, 'CEO가 쏜다'가 다음세대 특별 프로그램으로 열렸다. 전국에서 초등학생, 중학생, 고등학생, 대학생, 청년, 중장년층이 참석하여 지역과 세대를 초월한 토크쇼였다. 아빠 엄마 오빠와 함께 참석한 초등학교 5학년 민경서 양이 박선정 변호사에게 갑자기 눈썹 잘 붙이는 방법에 대한 질문을 해서 토크쇼는 웃음바다로 변했다.

나는 세션 강의에서 '스마트바이블을 활용한 네팔 선교 사례'를 발표하였다. 미팅에 땜방으로 나갔다가 아내를 만나 결혼한 이야기부터 신입사원으로 입사해서 사장이 된 이야기, 미션 스쿨을 나오고도 안 다니던 교회에 가게 된 이야기, 선교적 삶을 꿈꾸는 비전을 나누었다. 그리고 안도현 시인의 시 "연탄재 함부로 발로 차지 마라 너는 누구에게 한번이라도 뜨거운 사람이었느냐"를 들려주었다. 까만 연탄과도 같은 청년들에게 나의 남은 인생동안 불을 붙이고 꺼지는 연탄재가 되고 싶다.

2018년부터 CEO가 쏜다는 대학, 군부대, 해외로 넓어졌다. 주로 4차산업혁명 시대의 인재상에 대한 이야기를 나누었다. 4차산업혁명 시대의 3가지 키워드는 초연결, 융합, 공유이다. 갈등과 불신으로 이분화된 사회를 회복시키고 4차산업혁명 시대를 선도하기 위하여는 서로 다르고 분리된 것들을 서로 연결하고 융합하고 공유하여 더 좋은 사회를 만드는 창조적 인재가 필요하다. 이들이 바로 미래에 필요한 인재 '미디에이터 Mediator'이다.

'CEO가 쏜다'를 가장 애용한 분은 국민대 소프트웨어공학부 최은미 교수님과 건국대 컴퓨터공학과 민덕기 교수님 부부다. 그들은 학생들에게 진로 멘토링을 하면서 3년 동안 매년 'CEO가 쏜다'를 초청하였다. 대학에서 강의와 토크 콘서트를 준비하며 가장 노력한 부분은 대학생들과의 양방향 소통이었다. 청년세움연구소 이창근 소장 목사과 토브정신건강연구소 박홍규 소장 변호사 이 주로 사회를 보았는데,

마이크를 들고 다니며 학생들의 적극적인 참여를 유도하였다. CEO들이 보내준 협찬 상품은 학생들과의 소통을 돕는 소중한 선물이었다. 학교나 직장 행사에는 주로 선릉역 근처의 베이커리, 도쿄팡야 장원준 대표와 그의 어머니가 만든 수제 샌드위치와 음료를 가지고 갔는데, 청년들의 반응이 좋았다. 계원예술대 복도에서 즉석 핫도그를 조리해 학생들과 나누어 먹었던 경험은 특별한 추억으로 남았다.

전역 예정 장병을 대상으로 하는 오픈놀[2]의 특강&토크 프로그램에도 참여하였다. 박홍규 변호사와 함께 군부대를 순회하며 토크 콘서트를 진행하였는데, 전역 예정 장병들이라 진로에 대한 관심과 질문이 많았다. 부대별로 50여 명의 군인들이 참석하여 진로 탐색 특강&토크를 마치면 기업 탐방과 특별 회식이 이어졌다.

30대 초반에서 50대 후반의 다양한 분야 CEO들은 청년들에게 창업과 취업 이야기, 실패해도 괜찮고 꿈이 없어도 괜찮다는 격려의 이야기, 인생에서 중요한 것들에 관한 이야기 등을 나눠주었다. 이들의 이야기는 나에게도 많은 도움이 되었다. 어느 날 군부대 행사에 참여했던 청년으로부터 연락이 왔다. 그를 다음세대들을 위한 기도 모임인 MDA 기도 포럼에 초대했다. 직업 군인으로 있다가 전역한 그가 게임회사를 창업하고 새로운 장르의 게임에 도전했다는 소식을 들을 수 있었다.

'CEO가 쏜다'에서 만난 청년들의 질문은 다양했다.

· · · · ·

    Q. 나이에 쫓겨서 아무 회사나 취업을 할 것인지,
        아니면 내가 원하는 것을 좀 더 준비해서 도전해야 할까요?

    Q. 회사를 운영하면서 어려운 점은 무엇인가요?

    Q. 어떻게 CEO가 되셨나요?

    Q. 꿈이 있어도 매일 매일 열심히 하기란 어렵습니다.
        오랫동안 목표를 향해 꾸준히 갈 수 있는 방법은 무엇일까요?

    Q. 하고 싶은 게 있지만, 확신이 없으면 어떻게 해야 할까요?

    Q. 그리스도인은 사회에 어떤 영향력을 끼쳐야 할까요?

    Q. 중국 시장의 비전에 대해 어떻게 생각하시나요?

    Q. 상사가 잘못된 요구를 하는데도 순종해야 할까요?

    Q. 청년들이 돈 잘 벌고 좋은 직장 원하는 것은 결국 행복하기
        위해서인데, CEO님들은 어떨 때 행복하신가요?

· · · · ·

'CEO가 쏜다'를 하면서 멘토링은 답을 알려주는 것이 아니라 질문자의 고민을 경청하고, 나의 지식과 경험을 공유해서 그들 스스로가 자신의 답을 찾을 수 있도록 도와주는 일임을 깨닫게 되었다. 각자 다른 인생과 꿈을 가졌는데 어떻게 같은 답이 있겠는가?

다양한 분야의 CEO들이 자신의 경험과 역량을 다음세대 청소년과 청년들에게 쏘기를 소망한다. 'CEO가 쏜다'로 인해 청년들에 대한 관심이 높아지고, 새로운 만남과 기회가 늘어나고, 협력해서 선한 영향력을 전하는 멘토 CEO들의 커뮤니티가 형성되기를 꿈꾸어본다.

전역 장병들을 대상으로 한 특강&토크 프로그램

© 이요셉

Chapter 2

청년들의 꿈이 빛나게

일터에서 만난 젊은 CEO

내가 다니는 단골집 중에는 청년이 사장인 경우가 많다. 나는 젊은 사람들이 장사하는 것을 보면 어떻게든지 도와주고 싶은 마음이 든다. 그러다 보니 자연스럽게 이들의 매장에 자주 가게 되었고 이들의 VIP 고객이자 멘토가 되었다.

CEO가 쏜다의 첫 시작을 함께 하며 장소와 음식을 제공했던 언더랩의 장희영 대표. 그는 반복되는 직장 생활에 변화가 필요하다는 것을 느끼던 중에 미국에서 펀드매니저로 일하는 친형에게 연락을 받았다. 뉴욕에서 외식 사업을 같이 하자는 형의 제안에 회사를 그만두고 요리를 배웠다고 한다. 처음엔 햄버거와 샌드위치만 배워서 가려고 했는데, 좋은 멘토 레스토랑 헤드셰프 를 만나 다양한 요리의 매력에 빠져서 아예 요리사의 길로 들어서게 되었다. 젊은 시절이라 항상 무엇을 해도 잘 할 수 있다는 자신감이 넘쳐 어떤 곳에서 어떤 음식점을 차려도 사람들이 찾아오리라 생각했다고 한다. 그러나 갑자기 뉴욕에 갈 수 없는 상황이 되자, 그는 가족의 자금 지원을 받아 이태원에 인더랩이라는 레스토랑을 창업하였다. 나와 자주 만나 진로를 상담하던 그는 결국 레스토랑을 폐업하고 업종을 전환하였다. 최근 그가 보내온 편지를 소개한다.

· · · · ·

인더랩을 창업했던 당시는 사실 경제적으로 어려웠던 시절이라서 항상 머릿속이 복잡했었습니다. 이 위기를 벗어나기 위한 방법을 찾기 위해 끊임없이 생각만 하고 있었습니다. 자금 사정이 안 좋았기 때문에 돈을 이용한 여러 광고 방법은 사용할 수가 없었고 배운 것은 요리뿐인지라 대중적인 메뉴로 싹 갈아 엎어서 보다 많은 사람들이 찾을 수 있도록 해야겠다는 생각뿐이었습니다. 건물주도 잘못 만나서 매년 최대치로 임대료를 올려 줬었는데 나중에 어느 정도 매출이 올라왔을 때는 언제까지 나가달라고 했다가 다시 월세를 많이 올려서 있으라고 하고 온전히 장사에 집중할 수 없던 시기였습니다.

힘든 시기였지만 인더랩에서 귀한 인연도 만났습니다. 그곳에서 최종원 대표님을 만나서 큰 은혜를 입었고 아내를 만나서 지금도 너무 행복합니다. 힘들어하던 저에게 항상 힘이 되어 주었고 혼자 고민하던 것을 같이 고민해주고 같이 실행해주고 그전까진 알 수 없었던 사랑이 어떤 것인지 알게 되었습니다. 아내는 인더랩에서 처음 인연을 맺게 된 친구가 소개시켜줘서 만나게 되었는데 어려운 시기에 만나서 산전수전 같이 겪어가며 맺어진 인연이라 앞으로 어떤 풍파가 오더라도 함께 이겨낼 수 있다는 믿음을 항상 가지고 있습니다.

결혼을 하게 되고 가장이 되었고, 그 전 사업은 완전한 실패로 결론을 내고 문제점에 대해 잘 정리해 보았습니다. 그리고 다른 음식점들의 성공 이유에 대해서도 많이 찾아보고 공부하게 되었습니다. 인더랩에서 보쌈을 팔기도 했는데 보쌈의 단점은 시간이 지날수록 맛 퀄리티가 떨어지는 것이었습니다. 당시엔 배달 시장이 지금처럼 활성화 되어있지 않았지만 배달 시장에 대해 관심이 많았고 꼭 경험해봐야 한다고 생각해서 식어도 퀄리티가 좋은 족발에 관심을 갖고 유명한 집을 찾아서 배우기로 결심했습니다. 세계 3대 요리 학교인 일본의 츠지요리학교를 나온 분이 족발집을 하신다길래 밑에서 또 다른 요리들도 배울 겸 일을 시작하게 되었습니다. 그 분 밑에서 요리도 배웠지만 장사라는 것을 심도 있게 배울 수 있었습니다.

지금 저는 평택에 여왕족발을 창업하고 어느 정도 확신을 가지고 열심히 장사하고 있습니다. 꼭 이 아이템으로 성공신화 한번 써 보도록 하겠습니다.

장희영 올림

・・・・・

선릉역 근처 병원에서 임원으로 일하며 가장 자주 갔던 곳은 '꽃티움 플라워 카페'이다. 젊은 두 자매가 경영하는 이곳은 커피와 빵이 맛있고 서비스가 좋아 거의 매일 가다시피 했다. 은퇴하고 지방에서 감농사를 지으시는 아버지, 지방과 서울을 오가며 남편과 자녀를 돕는 어머니, 항상 미소를 지으며 일하는 두 자매의 우애 있는 모습이 보기에 좋았다. 자매는 선릉 주변에 있는 유명 프랜차이즈 카페나 저가 카페들과 차별화하기 위해 음료 메뉴를 차별화하였다. 고급 커피 원두를 쓰고, 과일청 음료는 손이 많이 가지만 모두 수제로 만들었다. 디저트도 마찬가지였다. 잼이나 스프레드 종류까지도 시제품이 아닌 수제로 만들어 판매하니 건강에 좋고 맛도 있었다. 주변의 다른 카페 대신 꽃티움을 찾는 나에게 두 자매는 항상 반갑게 인사를 건네며 안부를 물었고, 가족에게 하듯이 정성을 다해주었다. 눈비가 오던 2년 전, 나의 일기에 적어둔 글이다.

어릴 때 어머니가 만들어 주시던 식빵이 먹고 싶었다. 단골 카페 꽃티움에서 메뉴에도 없는 식빵을 정성껏

> 만들어 주었다. 눈비가 오는 쌀쌀한 오늘 저녁, 오븐에서 갓 나온 식빵을 커피와 함께 먹었다. 내가 먹고 싶었던 바로 그 맛! 어머니의 손맛이었다.
>
> **2020년 2월 4일.**

> 단골 카페 꽃티움에서 메뉴에도 없는 식빵을 손수 만들어 주었다. 자연발효에 시간이 많이 걸렸지만, 오븐에서 갓 나온 뜨거운 식빵은 정말 정말 맛있었다. 커피와 함께 식빵을 먹으며 백종원의 골목 식당에 나왔던 돈까스 가게 이야기를 했다. 제주도로 이사한 돈가스집은 12시간 이상 줄을 서는데, 그 맛의 비결이 흑돼지고기, 빵가루, 기름배합에 있다고 한다. 나도 그런 빵가루를 구해 돈가스를 만들어 먹고 싶다고 했더니, 아뿔싸 카페 어머니께서 다음날 빵가루를 만들어 오셨다. 완전 감동이었다. 고객을 위한 가치 창조가 바로 이런 것이구나!
>
> **2020년 2월 6일.**

휴대폰 대리점 드림프리덤의 김준수 대표는 내가 좋아하는 청년 사업가다. 스마트폰 신모델이 나온다는 소식에 나는 약정 기간이 남은 스마트폰을 들고 회사 앞 대리점을 찾아갔다. 오랫동안 법인 스마트

© 이요셉

폰을 쓰다가 개인 폰을 쓰려니 비용이 부담되었다. 대리점 주인인 김준수 대표에게 상담을 받은 나는 그를 신뢰하게 되었고, 이후 단골이 되었다.

그는 힙합 음악을 하던 청년이었다. 음악적인 재능의 한계와 미래에 대한 불확실성에 고민하던 중 자신의 좋아하는 일을 지속하기 위해서는 재정이 뒷받침되어야 한다는 것을 깨닫고 휴대폰 방문 판매로 시작해 자신의 가게를 열게 되었다고 한다. 지금은 드림프리덤이란 회사를 함께 창업하여 300개의 대리점, 판매점을 운영하고 있으며 새로운 사업에 과감히 도전하고 있다. 그를 만나면 열정이 느껴진다. 그래서 그가 잘되도록 응원하고 도와주고 싶었다. 지인들에게 밥 사주고 차를 사주며 그가 운영하는 대리점을 소개해주었다. 그렇게 팔아준 스마트폰이 아마 100대는 넘지 않을까? 그의 부탁을 받아 사업을 자문해 주기도 하는데 오히려 내가 배우는 것이 많다.

춘천에서 만난 김준봉 대표도 내가 응원하는 젊은 CEO다. 그는 춘천의 라뜰리에김가와 싱싱베이커리, 경기 광주의 델리프랑스를 경영하는 청년 사업가이다. 경찰행정학과로 대학에 진학하여 경찰을 꿈꾸다가 베이커리로 전향한 케이스다. 제과 제빵 기술자로 직장 생활을 시작하여 실력과 경험을 쌓은 그는 2015년 춘천에 라뜰리에김가라는 가든형 베이커리 카페를 오픈해 베이커리 문화에 새로운 바람을 일으켰다.

그는 빵만 잘 만드는 것이 아니라 건강한 음식을 만들기 위해 노력하는 연구자이자 아이디어가 탁월한 창의적인 사업가다. 한번 마음먹으면 빠른 시간에 결정하고 바로 실천에 옮기는 실행가이기도 하다. 시대에 필요한 트렌드와 지속 가능한 비즈니스 모델을 예측하고 준비하는 통찰력 또한 있다. 그는 최근 유럽 최대의 베이커리 브랜드 델리프랑스를 런칭하여 대한민국 베이커리의 유기농 비건이라는 식자재와 새로운 식문화에 도전하고 있다. 나는 이렇게 도전하는 그를 좋아한다. 그래서 그의 사업을 도와주기 위해 좋은 사람들을 소개해 준다. 김준봉 대표는 나에게 이런 문자를 남겨주었다.

● ● ● ● ●

"저의 멘토이자 정신적인 스승님!
제가 앞으로 살아가는 인생의 길을 알려주신
아니 보여주시고 계신 분!
열정과 아이디어가 항상 넘치시는 분!
그래서 끊임없이 무언가에 도전하시는 분입니다."

● ● ● ● ●

나는 이렇게 좋은 성품을 가지고 미래에 도전하는 청년들을 좋아한다. 이들은 도전하고, 돕는 이들에게 감사할 줄 안다. 또한 다른 사람과 감사를 나눌 줄 안다. 나는 이들의 사업이 잘되게 돕는 역할도 하지만, 이들에게 닮고 싶은 인생의 선배가 되기를 노력한다. 이들의 이야기를 경청하고 한 두 가지 조언할 때 이들의 삶에 도움이 될 수 있지 않을까, 그것이 이들에게 복음의 씨앗이 될 수 있지 않을까 하는 소망을 갖는다.

청년들을 만나다 보면 세대 차이로 '꼰대'가 되기 쉽다. '라떼'는 나때는 이 되기 쉽다. 그래서 분위기가 어색해지고 청년들과 친해지고 소통하기 어려운 경우가 많다. 나는 청년들에게 존댓말을 쓰고 칭찬을 하려고 노력한다. 맛있는 식사를 대접하고, 선물을 건네며 이들이 마음을 열기를 기다린다. 그럴 때 소통이 되고, 소통이 되어야 신뢰가 생긴다.

나는 20대 후반에서 30대 초반까지 아내와 가족을 두고 일본에 가서 일했다. 새로운 언어를 공부하느라 하루에 2~3시간씩 자야만 했고, 문화적 차이와 편견도 극복해야 했다. 출장비를 들고 나가다 외환관리법 위반으로 구속되는 위기도 겪었고, 잘 나가다가 갑자기 쫓겨나기도 했다. 결국 이러한 고생과 경험이 있었기에 지금의 내가 되었다고 생각한다. 청년 시절의 어려움을 경험하고, 해결했던 기억은 청년 CEO들을 격려하는 토양이 되었다. 강연장에서 청년들을 만나다 보면 CEO들이 쉽게 성공한 것으로 착각하는 경우가 많다. 그런 청년들에게 장석주 시인의 '대추 한 알'이라는 시와 나의 청년 시절을 이야기 해준다.

• • • •

저게 저절로 붉어질 리는 없다.
저 안에 태풍 몇 개
저 안에 천둥 몇 개
저 안에 벼락 몇 개
저게 저 혼자 둥글어질 리는 없다.
저 안에 무서리 내리는 몇 밤
저 안에 땡볕 두어 달
저 안에 초승달 몇 날

청소년들과 미션 임파서블!

교회에서 교육부장을 오랫동안 맡았던 나는 아이들과 함께 기도하며 성경을 공부하는 시간이 행복했다. 영성 일기를 쓰면서 많은 은혜를 받았던 나는 교회 주일학교 밴드를 만들어 교회 학생들에게도 영성 일기를 쓸 수 있도록 도왔다. 매일 성경 통독과 묵상한 내용으로 영성 일기를 써서 밴드에 올리면 교사들이 그 내용을 지도하고 시상하도록 하였다. 학생들이 영성 일기를 잘 쓸까 걱정을 하였는데, 초등학생들이 가장 적극적으로 참여하자 중고등부 학생들도 열심히 참여하였다. 초등학생들이 쓴 첫 영성 일기를 소개한다.

나는 좁은 문을 들어가려 하지 않는 것 같다. 하나님께서 원하시는 대로보다는 사탄이 원하는 대로 살고 있기 때문이다. 25~28절에 의하면 문이 닫힌 후에는 다시는 열리지 않는다던데 내일 만큼이라도 노력해 보아야겠다.

2014년 6월 30일 힘찬 (누가복음 13장 24~30절 묵상)

이스라엘이 하나님 앞에 금식하고 회개했다. 이걸 보니까 나도 회개할 게 많았다. 엄마한테 불손하게 말하고 형한테 화냈다. 이 죄는 내가 가장 많이 짓는 죄여서 오늘 밤에 회개해야겠다. 그리고 안 하도록 노력해야겠다.

2014년 6월 30일 한결 (느헤미야 9장 1~4절 묵상)

하나님이 세례요한을 예수님의 길을 준비하는 심부름꾼으로 보내셨다. 이제부터 나는 하나님이 좋아하실 훌륭한 심부름꾼이 되겠다.

2014년 7월 1일 유은 (마가복음 1장 1~15절 묵상)

세례 요한은 예수님을 준비하는 착한 심부름꾼이었다. 나도 착한 심부름꾼이 되고 싶다.

2014년 7월 1일 은찬 (마가복음 1장 1~15절 묵상)

초등학생임에도 불구하고 매일 영성 일기를 써서 밴드에 올리는 학생들이 있었다. 그리고 매월 셋째 토요일 새벽예배에도 빠지지 않았다. 나는 이들을 격려하고 칭찬하기 위하여 연말에 동영상을 만들고 선물을 주었다. 힘찬이는 중학교 입학 기념 손목시계를 받았고, 한결이는 쿠키런 어드벤처 5~6권과 핫팩을 받았다. 유은이는 갖고 싶어하던 실바니안 인형을, 은찬이는 또봇 제로미니를 받았다. 동영상을 본 학생들의 엄마 집사님들이 감사 편지를 보내주셨다.

· · · · ·

집사님, 덕분에 아이들이 정말 많이 컸어요. 하나님 말씀에 대한 이해가 깊어지고 있다는 걸 제가 봐도 느낄 수 있을 정도구요.(가정예배 시간에 선택하는 본문들이 점점 수준이 높아지고 있네요.) 꾸준히 말씀을 읽은 덕에 성경일독도 했어요.(일기 쓸 내용을 못 찾으면 한 번에 10장 이상 읽다 지각할뻔한 웃지 못할 사건도 있었네요) 그리고 매번 반성문이긴 했어도 말씀에 순종하려 노력하고 지킨 날에는 매우 뿌듯해하기도 했구요. 정말 감사해요. 집사님 덕에 힘찬이와 한결이의 키와 지혜가 쑥쑥 큽니다!

힘찬, 한결 엄마 올림

집사님. 너무 감동적이예요!!! 너무 큰 선물입니다. 하나님과 교회와 집사님께 받은 사랑을 세상 구석구석에 흘려보내는 아이들 되길 기도하며 키우겠습니다.

유은, 은찬 엄마 올림

· · · · ·

2016년 여름에는 교회 고등학생 두 명을 데리고 3박 4일 태안 여행에 다녀왔다. 부모님들은 바쁜 나에게 자녀들을 맡기는 것을 미안해하시면서 이번 여행에서 자녀들의 나쁜 습관을 바꿔 달라고 부탁하였다. 나는 그들에게 10가지 미션을 주며 달성하면 소원을 들어주기로 약속했다. 학생들에게 준 미션은 총 10가지였다.

· · · · ·

미션1. 아침 6시 산책과 큐티

미션2. 하루 3번 기도하기

미션3. 유물관과 주변 청소

미션4. 성경, 유물 공부

미션5. 태안 해변길 여행

미션6. 영성 일기 쓰기

미션7. 식사후 설거지 하기

미션8. 부모님께 편지쓰기

미션9. 4일간 게임 안 하기

미션10. 집사님 말씀 잘 듣기

• • • • •

불가능해 보이던 10가지 미션을 학생들은 달성해 냈다. 마지막 날 여행 소감을 물어보니 땡볕에 풀을 뽑으면서 너무 힘들었는데, 열심히 공부해서 힘든 일을 하지 말아야겠다는 생각이 들었단다. 그리고 나쁜 습관도 풀처럼 뽑기 어렵지만 하나씩 뽑아 버리겠다고 약속했다. 그들이 요구한 미션 달성 선물은 다름 아닌 서산 드라이브스루 맥도날드에서 햄버거 세트를 사달라는 것이었다. 달리는 차에서 맛있게 햄버거를 먹는 학생들의 행복한 모습을 보며 미션 임파서블은 없다는 생각이 들었다.

© 이요셉

친구 자녀도 나의 자녀처럼

내가 청년들의 멘토로 활동한다는 소문을 들은 고향 친구들이 자녀의 진로를 코칭해 달라고 부탁하고는 했다. 수년이 지난 후 멘토링을 해준 친구의 자녀들을 만났다. 이들은 멋진 청년이 되어 있었다.

인화는 중학교 친구의 딸이다. 캐나다 유학 중 배우가 되고 싶은 꿈에 도전해보고 싶어 휴학하고 귀국을 하였다. 인화는 본가가 강릉에 있었지만, 연기를 배우고 다양한 오디션에 참가하기 위해서는 서울에서 지내야 했다. 당시 가정 상황이 조금 어려워져서 생활비나 지낼 곳 등 걱정이 많았던 인화는 미국에서 살다가 귀국한 사촌 언니와 학

동사거리 쪽에 방 한 칸을 얻고 지내다가 우리 집에 들어와서 살게 되었다.

아무런 연고도 친구도 없는 한국 서울 땅에서 인화는 우리 가족들과 함께 지내며 배우로서의 꿈을 이어나갈 수 있게 되었다. 무작정 연기학원에 등록하고 프로필 사진을 찍고 방송국을 돌아다니며 기획사 오디션이나 드라마 영화 cf 보조출연에 참여하던 인화는 열심히 운동하고 아르바이트를 하며 연기에 필요한 부분이 있으면 최선을 다했다. 그러나 어린 나이에 현역 배우들이 연습하러 오는 곳에 들어가서 꿈을 키우던 인화는 생각했던 것과는 너무 다른 현실과 어려운 관계들에 지쳐서 결국 배우의 꿈을 접고 캐나다 대학을 자퇴하고 본가가 있는 강릉으로 내려가게 되었다.

다이어트 때문에 음식을 제대로 먹지도 못하고 아르바이트를 하며 연기학원비를 벌려고 애쓰던 인화의 모습이 지금도 선하다. 그동안 떨어져 지내던 가족을 만난 인화는 고향에서 엄마의 사업을 도우며 대학을 졸업하고 지금은 고등학교에서 영어를 가르치고 있다.

정화는 초등학교 친구의 딸이다. 호주 유학 중에 가정 상황이 어려워져서 귀국하게 되었다. 한국에 돌아와 영어 선생님으로 일을 하며 가게를 돕던 정화는 장래에 대한 불안과 부모님에 대한 걱정으로 나를 찾아왔다. 진로 상담 중에 나는 정화의 좋은 인성과 능력을 발견하게 되었고, 내가 다니던 회사 입사를 추천했다. 그렇게 정화는 정식으로 면접을 보게 되었고 당당하게 입사를 했다. 회사에 입사하여 자신의 진로를 더 탄탄히 하기 위해 학교와 회사를 병행하여 다니고, 9년간 한 회사에 몸담으면서 마케팅과 세일즈 업무에 경력을 쌓았다. 외국과 IT 업계의 경험으로 정화는 현재 프랑스에 본사를 두고 있는 외국계 회사에서 한국을 대표하는 Inside Sales Representative로 일하고 있다.

준영이는 초등학교 여자친구의 아들이다. 일본에서 요리 공부를 하고 싶었던 그는 일본의 현실적 상황과 진로문제로 내게 카운셀링을 요청했는데 아르바이트하면서 부지런하기만 하면 할 수 있다고 적극 권유했다. 망설이는 준영이가 나의 권유로 일본에 가서 아르바이트로 신문 배달을 하면서 열심히 공부했다. 출장길에 가와사키에서 초밥을 먹으며 위로하는 시간을 가졌는데 한국에서 봤을 때보다 훨씬 자신감과 활력이 넘쳤다. 준영이는 요리 학교를 무사히 수료하고 돌아와 지금은 제주도 호텔에서 중견급 쉐프로 일하고 있고 그때의 조언과 격려가 인생의 전환점이 되었다는 소식을 전해주었다.

효진이는 초등학교 여자친구의 아들이다. 한양대 재학 중이던 효진이와 몇 차례 만나 진로를 상담해 주었는데, 인성이 좋고 이루고 싶은 꿈이 많은 청년이었다. 효진이는 졸업 후 다양한 사회경험을 하였고 벤처 창업에 대한 꿈이 있어 여러 가지 조언도 해주었다. 그 후 몇

년이 지나 뷰티 기반의 IT 플랫폼을 운영하는 스타트업의 경영진으로서의 길을 걸으며 아름다운 가정을 이루게 되었다. 나는 좀처럼 하지 않는 주례까지 하며 효진이의 인생을 축복해 주었다.

중국에서 만난 특별한 청년

30년 다닌 직장을 퇴직하니 내 나이 55세가 되었다. 어떻게 인생 후반을 살아갈까 고민하던 나는 중국으로 어학연수를 떠났다. 조금씩 공부해 오던 중국어 실력을 늘리고 싶은 욕심도 있었지만, 중국을 여행하며 견문을 넓히고 지친 마음의 힐링도 하고 싶었다. 2개월간 학교 기숙사에 머물며 중국어 공부를 열심히 했다. 오전에는 교실에서 4시간 수업을 받고, 오후에는 중국 선생님을 구해 개인 과외를 받았다. 학교 안에 있는 테니스장에서 레슨을 받고 실내 수영장에서 수영을 하고 저녁이면 근교를 돌아다니며 맛있는 음식을 사 먹었다.

같이 공부하는 친구들은 10대 후반에서 20대 초반의 외국 학생들이었다. 아시아계 보다는 유럽에서 온 친구들이 많았고, 여학생 비율이 훨씬 높았다. 세계의 대학생들과 같이 수업을 받고 밥을 먹고 어울려서 여행을 다니다 보니 다시 청년이 된 느낌이 들었다. 주말이면 첸슈에메이 陈雪梅 과외 선생님과 함께 북경에 있는 대학과 명소를 돌아다니며 생활 중국어를 실습하였다. 선생님은 복건성 출신의 여성으로 성격이 아주 명랑하고 활발해서 중국어를 배우는 것이 재미있었다.

북경에 있는 동안에도 신앙생활은 열심히 했다. 학교 근처에 학원로교회가 있어 주일예배와 새벽예배에 빠지지 않고 나갔다. 충신교회에서 부임하신 길승민 목사님 설교가 너무 좋았고 교인들 대부분이 유학생들이라 많은 청년들과 식사하며 교제할 수 있었다. 한 가지 힘들었던 것은 새벽예배를 갈 때마다 기숙사 사감에게 문을 열어달라고 부탁하는 것이었는데, 한국 초코파이를 사다주니 문을 잘 열어 주었다.

북경학원로교회에서 멋진 한국 청년을 만났다. 어느 날 예배 후 목사님과 함께 식사하는 자리에 처음 보는 청년이 있어 인사를 나누었다. 권인택이라는 청년은 대기업 출신으로 진로교육 스타트업 '오픈놀'을 막 시작하였는데, 중국 진출을 위해 출장 나왔다가 그날 처음 그 교회에 나왔다고 했다. 이야기를 들어보니 그는 믿음도 좋고 사업도 유망해 보였다. 권인택 대표는 1984년생으로 2010년 포스코 인사팀

재직 시절 실력 중심의 채용 프로세스를 만들고자 회사를 나와서 2년간 준비한 끝에 2012년 진로 교육 기업 '오픈놀'을 설립했다. 이후 오픈놀은 그 영역을 취업·진학·창업 교육으로까지 확대하며 2022년 상장을 눈앞에 둔 기업으로 성장했다. 특히 2017년 '스펙 안 봐요, 실력만 봐요'라는 캐치프레이즈와 함께 출시한 채용 플랫폼 '미니인턴'이 큰 성공을 거뒀다.

직장을 퇴직하고 55세에 떠난 중국 어학연수에서 여러 나라 학생들과 함께

중국에서 귀국 후 나는 권 대표와 계속 만나며 그의 일을 돕게 되었다. 이후 권 대표는 IT 업계 크리스천 CEO들의 공동체인 솔리데오 회원으로 함께 하게 되었다. 솔리데오는 2006년 창립되어 **여인갑 초대회장**

지금은 100여 명의 모임으로 발전되었다. 보다 나은 미래를 위한 기독교 정신의 비즈니스 실현과 그 가치 나눔을 정신으로 창립되어, 서두르지 않고 쉬지도 않으며 돌아가더라도 바르게 가는 공동체를 지향하고 있다. 한달에 한번 월례 모임에서 예배와 교제를 나누고 있으며 여의도, 코엑스, 서초, 디지털의 4개 마을로 나눠져 소그룹 활동을 하고 있다. 권인택 대표는 솔리데오 최연소 회원으로 일찍 임원진에 발탁되어 헌신과 봉사를 하게 되었다. 이후 권인택 대표의 사업이 크게 성장하는 모습을 지켜볼 수 있게 되었다.

필리핀에서 만난
아시아 청년들

2019년 여름, 남창기 선교사님의 초청으로 필리핀 열방선교교회에서 열린 제3회 Asian Youth Mission Camp에 다녀왔다. 이 행사는 아시아 8개국 베트남, 인도, 네팔, 한국, 필리핀, 캄보디아 등 의 300여 명의 청년들이 참여하는 대규모 행사였다. 나는 정원혁 대표, 박홍규 대표, 여호수아 간사와 함께 자비량으로 참여하여 4일간 CEO 진로 특강 시간에 4차 산업혁명 시대의 인재상과 기독교 가치관에 대해 강의했다. 행사 기간 내내 나는 감동적인 순간들을 촬영해서 블로그와 페이스북에 올렸다. 덕분에 행사에 참여한 청년들이 SNS 안에서 서로 응원하고 격려하며 믿음의 교제를 나눌 수 있었다.

베트남에서 오신 이광열 선교사님이 페이스북에 이런 글을 올리셨다.

• • • • •

"19명의 베트남 청년들과 캠프에 참여해서 함께 울고 웃고 하면서 새 힘을 얻었습니다. 이번 캠프에는 8개 나라에서 300여 명의 청년들이 함께 하였습니다. 언어와 생김새도 다르고 처음 만나 낯선 마음도 있었지만, 우리는 금세 그리스도 안에서 뜨겁게 하나가 되었습니다. 베트남에서 처음 시작한 캠프가 어느새 세 돌을 맞이하였습니다. 3년 동안 계속 참여한 청년들도 꽤 보였는데, 이 청년들의 성장한 보면서 정말 뿌듯하고 기뻤습니다. 갓난 아이와 세살배기의 아이는 그 차이가 확연하게 드러나지요. 이 캠프를 통해 하나님의 자녀로 성장해가는 청년들을 보면서 남몰래 기쁨의 눈물을 흘렸습니다."

• • • • •

행사 후에 남창기 선교사님이 보내주신 감사의 글은 감동이 되었다.

• • • • •

"제3회 아시아 유스 미션 컨퍼런스 필리핀 행사에 참석해 주셔서 감사합니다. CEO가 쏜다 프로그램을 통해 많은 젊은이들이 앞으로 다가올 세상의 변화와 이러한 세상에서 어떠한 크리스천으로 살아가야 할지, 삶 속에서 선교적인 삶을 살 것인지, 크리스천 사업가는 어떠한 사람들인지, 어떻게 우리의 고정 관념을 깰 것인지 등을 배우게 되었습니다.

교회 행사에서는 좀처럼 경험해 보지 못한 프로그램을 통해 한국과 동남아시아 청년들과 심지어 이곳 선교사님들에게 많은 도전을 준 행사였습니다. 어떠한 마음으로 미래를 준비해 나갈지, 가정과 지역 환경에서 볼 때 생각할 수 없는 미래에 대한 도전과 소망을 갖게 한 행사였습니다."

· · · · ·

남 선교사님은 솔리데오에서 만난 분으로 IT 회사를 경영하다가 선교사로 부르심을 받은 분이다. 필리핀 이나레스 열방선교교회에 자비량 선교사로 파송 받으신 남 선교사님 추천으로 나는 켄디 Candy Ampuan 라는 학생에게 4년간 장학금을 후원할 수 있었다. 켄디 양은 가정 형편상 도저히 대학에 진학할 수 없는 형편이었다. 부모님이 별거 중으로 어머니가 멀리 있어서 두 명의 동생을 돌보며 일을 해야만 했다. 감사하게도 장학금으로 대학에 입학하고 열방선교교회 찬양단 싱어로, 주일학교 교사로 봉사하며 신앙생활을 이어갔다. 올해 초에는 대학을 졸업하고 정규직으로 회사에 입사하였다. 켄디 양이 보내온 감사의 편지를 소중하게 간직하고 있다.

Good day! Dear Mr. Choi,

I am Candy B. Ampuan. I am writing this letter to express my appreciation and gratitude for all the support you have given me in my study. Through your generosity and kindness I have finished my course in Bachelor of Arts in Communication at the ICCT Colleges for 3 years and a half. You have supported me, and I have achieved my goal which is to finish my study. I'm thankful and blessed because of that. I hope and pray that God will continue to bless you and your family. I will try my best to seek for a job that suits my ability and skills, and I'll continue to serve the Lord. Always take care of yourself and your family. Again thank you and God bless you.

좋은 날! 친애하는 미스터 최,

저는 Candy B. Ampuan입니다. 당신의 지원으로 대학을 졸업하게 되어 감사한 마음을 담아 편지를 씁니다. 당신의 관대함과 친절로 저는 3년 반 동안 ICCT Colleges에서 커뮤니케이션 학사 과정을 마쳤습니다. 당신은 저를 지원했고 저는 학업을 마치는 목표를 달성했습니다. 이 일에 대하여 저는 감사와 영광을 드립니다. 하나님께서 당신과 당신의 가정에 계속 축복을 주시기를 소망하고 기도합니다. 저는 제 능력과 적성에 맞는 직업을 찾기 위해 최선을 다하고 주님을 계속 섬기겠습니다. 당신과 가족의 건강을 기원합니다. 다시 한 번 감사드리며 하나님의 축복을 기원합니다.

켄디 올림

2019년 필리핀 열방선교교회에서 열린 제3회 Asian Youth Mission Camp

© 이요섭

Chapter 3

꿈을 연결하다

기도하는 CEO들과의 만남

LG히다찌 사장이 되고 1년 동안은 정말 힘들었다. 초보 사장으로 이런저런 사건을 경험하며 정신없이 한 해를 보냈다. 마냥 좋을 줄 알았던 사장의 자리는 임원 때보다 몇 배나 힘들고 외로웠다. 당시 나는 한국일본진출CEO협의회 이하 KJIT 회원으로 활동하며 일본에 국내 소프트웨어 수출에 앞장섰다. 연말에 대학로에서 KJIT 송년 모임이 있었는데, 김상배 사장님이 크리스천 IT CEO 모임인 솔리데오에 나올 것을 권유했다. 그곳에 가면 기도하는 CEO들을 만날 수 있겠다는 기대감으로 이듬해인 2010년부터 솔리데오 조찬 모임에 나가기 시작했다.

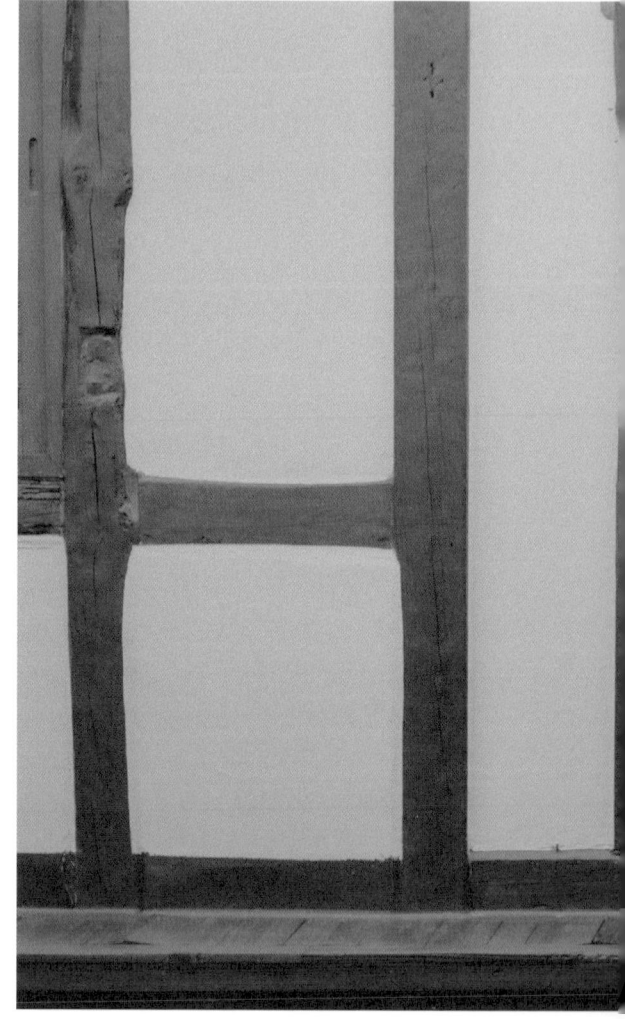

ⓒ 이요셉

공공사업을 할 때 만났던 김숙희 사장님, KJIT에서 만났던 오석주, 조영철 사장님 등 많은 분들이 나를 환영해 주셨다. 차현배 회장님을 비롯한 임원진들도 따뜻하게 대해주셨고, 모든 분들이 너무나 친절했다. 솔리데오는 월 1회 전체 기도 모임과 구역별 친교 모임을 갖고 있는데, 나는 한 번도 빠지지 않고 열심히 참여하였고, 임원진들을 도왔다. 그 결과 신입 회원으로는 파격적으로 친교부장-마을 촌장-부회장-회장의 직분을 맡게 되었다.

솔리데오에는 다양한 나이, 계층, 직업의 회원들이 있다. 나는 이들이 잘 연합하고 소통할 수 있도록 돕고 싶었다. 이러한 노력 중 하나로 솔리데오의 공식 행사와 회원들의 경조사에 거의 빠짐없이 참석하여 사진과 영상을 찍어 개인 앨범과 공유용 블로그를 만들어 주었다. 특별히 결혼식이 끝나면 당일 저녁에 블로그와 동영상을 만들어 보내며 다시 한번 기쁨을 나누었다. 2013년 장사도 회장님 시절에 나는 솔리데오 기록관이 되었다. 당시 장 회장님은 솔리데오 부흥을 위해 카페, 뉴스레터, e수첩 등을 만드셨다. 회장님의 모습을 보며 나 또한 개인 블로그를 만들었고, 하루에 한 편의 사진과 글을 올리기 시작했다. 이것이 내가 사진을 잘 찍고 파워 블로거가 된 동기가 되었고, 평생 솔리데오 기록관이 된 배경이다.

솔리데오 내에는 아마추어 중창단이 있다. IMF로 어려움을 겪던

2008년에 찬양으로 은혜를 나누고자 자발적으로 창단되었는데, 각종 행사에 출연하여 나름 인기를 누리고 있다. 모두가 찬양을 좋아해서 회사에 출근하기 전 새벽 시간에 모여 정기적으로 열심히 연습한 덕분이었다. 나는 중창단에서 반주로 섬기는 아내의 로드 매니저로 봉사하다가 2015년 1월부터 중창단의 일원이 되었다.

아내가 솔리데오에서 반주로 섬긴지 10년이 되었다. 어느 날 김상배, 오석주 사장님이 동부이촌동 온누리교회 근처 콩나물 국밥집으로 나를 불러내더니, 아내가 솔리데오 월례회와 중창단에서 반주를 해주면 좋겠다는 부탁을 했다. 부탁을 받으면 거절 못하는 성격인지라 조심스럽게 아내에게 말했더니 흔쾌히 수락해 주었다. 10년 동안 아내는 솔리데오 모임에 빠진 적이 거의 없다. 그래서 솔리데오 회원들은 나보다도 아내를 더 반가워하고 좋아하는 것 같다. 어느 날 한 분이 "최 사장님은 빠져도 되는데, 사모님은 절대로 빠지시면 안 되는 중요한 사람이다"라고 말했는데, 기분이 나쁘지는 않았다. 아내도 솔리데오 모임에 나가는 것과 솔리데오 회원들을 좋아한다. 아내는 그곳에서 간증을 듣는 것을 좋아했고, 남편이 좋은 분들과 신앙의 교제를 나누는 모습을 보며 흐뭇해했다.

솔리데오는 2014년 여름 영락교회 선교관에서 제 1회 WTIT[3] 기금마련 후원음악회를 연 이래, 매년 WTIT와 기금마련 공동 음악회를 주최하고 있다. WTIT는 국제정보기술 민간협력기구로 개발도상국에 대한 중고 IT기기 기부활동을 전개하고 있다. 둘째 딸이 이수정 사장님을 도와 첫 음악회를 준비하였고, 아내는 피아노 연주로, 둘째 딸은 해금 연주로 행사에 참여하였다. 제2회 행사에서는 나 또한 솔리데오 중창단으로 무대에 서게 되었다. 그렇게 모인 기금의 일부는 다음 해에 로고스에클레시아교회 네팔 사랑코트 지역 IT도서관 구축에 사용되었다.

솔리데오는 나에게 따뜻한 만남과 함께 놀라운 선물을 준 곳이기도 했다. 퇴임 후 무엇을 할까 고민하던 나에게 놀라운 일들이 벌어졌다. 솔리데오 회원분들이 나를 좋게 보셨는지 새로운 일들을 제안해 주셨고, 천성이 거절을 못하는 나는 그 일에 함께 하게 되었다. 그렇게 30여 년간 한 직장에서 IT 일만 하던 나는 여러 가지 새로운 일을 시작하게 되었다.

2015년부터 섬긴 솔리데오 중창단. 아내는 피아노 반주로 10년째 섬기고 있다. ⓒ이요셉

새로운 꿈의 시작, 라디오 진행자

 2016년은 내 인생의 대전환기였다. 김상배 회장님에 이어 솔리데오 8번째 회장직을 맡게 되었고, 생각지도 못했던 새로운 일도 시작하게 되었다. 솔리데오 1월 월례회를 마치고 아내와 25일 간의 네팔 여행을 떠났다. 히말라야 대자연 속을 걸으며 앞으로 어떻게 살아야 할지 많은 생각을 했다. 그런데 여행을 마치고 돌아오니 CTS 기독교TV 이동희 PD로부터 연락이 왔다. CTS라디오JOY에서 신설하는 '꿈꾸는 여행자' 방송의 진행자를 해보지 않겠냐는 전화였다. 인생과 여행을 테마로 청년들을 위해 신설한 라디오 프로그램인데, 나를 진행자로 추천한다는 것이다.

그는 IT 회사 사장으로 일하던 내가 은퇴 후에 청년 멘토로 활동하며 중국과 네팔로 여행하는 것을 보고 이 프로그램 진행에 적임자라는 생각이 들었다고 했다. 크리스천 기성 세대들이 자신이 살아온 인생과 여행 이야기를 다음세대에게 들려주며 용기와 격려를 전하는 것이 방송의 취지였다. 나는 방송 경험이 전혀 없음에도 불구하고 취지가 너무 좋아 용기를 냈다. 그렇게 시작된 '꿈꾸는 여행자'는 2016년부터 2018년까지 100회 동안 진행되었다.

처음으로 라디오 진행자를 맡다 보니 부족한 부분이 많았다. 이동희 PD는 더운 여름에 우리 집에 와서 몇 번이나 함께 연습을 해주며 자세히 지도해 주었다. 다행히 목소리는 매력있다는 평가를 받았으나, 강릉 사투리와 부자연스러운 억양이 부담이 되었다. 이 부분은 둘째 딸과 반복 연습을 하며 교정을 받았는데, 방송을 진행하면서 조금씩 나아졌다. 하지만 자연스러워지기까지는 꽤나 긴 시간이 걸렸다.

게스트에게 무엇을 질문할지도 부담이었다. 게스트에게 전화로 사전 인터뷰를 하고 좋은 질문을 만들어야 좋은 방송을 만들 수 있었다. 이 부분은 방송 작가의 도움으로 부담을 덜었다. 나는 게스트를 섭외하고, 게스트의 이름으로 만든 삼행시를 선물로 준비했다. 방송 횟수가 쌓이면서 프로그램 인트로와 클로징 부분의 원고도 직접 쓸 수 있게 되었다. 방송에서 내가 했던 인트로 대사의 한 구절이 기억에 남는다.

> "인생은 여행과 같습니다. 미래를 생각하면 설레고, 현재를 생각하면 즐겁고, 과거를 생각하면 그리워야 합니다. 그런데 왜 우리는 미래를 불안해하고, 현재에 스트레스 받고, 과거를 후회하며 살고 있을까요?"

직장 생활을 하면서 방송을 위해 시간을 만드는 일은 쉽지 않았다. 고민 끝에 방송 PD가 직접 녹화 장비를 직장으로 들고 와서 녹화를 진행하기로 했다. 방음 시설이 없으니 자동차 소리나 외부 소음으로 녹화를 중단할 때도 많았지만 담당 PD의 헌신으로 방송은 차질없이 진행되었다. 게스트는 프로그램 진행자인 내가 주로 섭외하다 보니 크리스천 IT CEO분들이 많았다. 50~60대가 주류를 이루었지만, 다양한 직종의 사람들과 30~40대 청년 CEO도 초청하려고 노력했다.

믿음의 6대를 계승하고 있는 여인갑 장로님을 게스트로 초대했다. 여인갑 장로님은 내가 가장 닮고 싶은 롤모델이다. 그는 IT기업의 대표로 크리스천 IT CEO 모임 솔리데오를 창립하고 초대 회장을 맡았

바쁜 스케줄로 직장에서 진행된 '꿈꾸는 여행자' 방송 제작 현장

다. 성경에 관해 여러 책을 저술하고 강의할 정도로 성경에 대한 이해가 깊고 삶으로 믿음을 실천하는 분이시다. 여 회장님은 한국 교회의 믿음의 1대인 여메리 전도사님의 후손이기도 하다. 여메리 전도사님은 정동교회에 우리나라 최초의 여선교회를 창립하였고 진명여학교 설립을 주도한 분이다. 믿음의 5대 딸인 여근하 교수 **바이올리니스트**와 6대 손주들을 보면, 나도 이런 믿음의 가문을 이루고 싶은 마음이 간절하다.

· · · · ·

여인갑 회장님 이름으로 지은 삼행시 선물

여 : 여호와가

인 : 인생의

갑 : 갑입니다

· · · · ·

청년 게스트 중 가장 기억에 남는 사람은 '주식회사 닷 dot'의 김주윤 대표이다. '닷'은 20대인 김 대표가 2015년에 설립한 스타트업 기업으로 직원 26명 중 절반이 20대이고 시니어들도 많다. 미국 유학 때 같은 기숙사 방을 쓰던 친구 2명이 장애인이었던 것을 계기로 장애인에 관심을 가진 그는 사회적 약자를 위한 스타트업을 창업하였다. 미국에서 2번의 실패와 1번의 중단을 경험한 그는 한국에 와서 시각장애인용 스마트워치 사업을 하는 '닷'을 4번째로 창업한, 포기하지 않고 도전하는 청년이었다.

· · · · ·

김주윤 대표 이름으로 지은 삼행시 선물

김 : 김주윤 대표는 구제를 좋아하는 자라

주 : 주께서 생명의 길을 네게 보이시리니

윤 : 윤택하게 하는 자는 윤택하여 지리라

· · · · ·

박홍규 대표도 대단한 청년이었다. 고교 시절 PD를 꿈꾸었던 그는 아버지의 반대로 삼수 끝에 서울대 법대에 진학하고 15년의 좌절과 실패 끝에 미국 변호사가 되었다. 그러나 그는 변호사 생활을 내려놓고, 중독으로 어려움을 겪는 다음세대들의 마음을 회복시키기 위하여 토브정신건강연구소를 창업하였다. "실패해도 괜찮아. 꿈이 없어도 괜찮아"라는 그의 외침은 젊은이들에게 보내는 진심 가득한 응원이었다.

'꿈꾸는 여행자' 방송을 하며 다양한 분야의 새로운 분들을 많이 알게 되었다. 평소 알고 지내던 분들과는 속 깊은 이야기를 나누며 더욱 친밀한 관계를 맺는 계기가 되었다. 세상의 빛과 소금으로 살아가는 믿음의 사람들, 어려운 환경 속에서도 소망를 품고 살아가는 사람들, 소외된 자들을 주목하여 사랑을 나누는 사람들을 인터뷰하며 많은 것들을 배우고 느끼는 시간이었다.

'꿈꾸는 여행자' 방송을 하면서 무엇보다 소중한 일은 '꿈꾸는'이라는 키워드를 마음에 품은 것이다. 이카드밴의 김중제 사장님을 도와 꿈꾸는장학재단을 설립하고, 강원도 양양에 꿈꾸는 요새를 꾸미고, 창의적인 요리로 '꿈꾸는 요리' 유튜브 채널을 만들게 되었다. 이렇게 여러 일에 도전할 수 있었던 것은 나는 천국을 꿈꾸는 여행자이기 때문이다.

장학생들의 꿈 프로젝트

2016년 봄, 솔리데오에서 만난 김중제 사장님이 성수동 복집으로 나를 초대했다. 경상북도 봉화 출신인 그는 어릴 때부터 고아원의 꿈을 품었다고 한다. 청소년들을 체계적으로 육성하기 위해 장학재단을 설립하자고 하는데 함께 하자는 제안을 하셨다. 퇴직 후 다음세대에 관심을 갖고 의미 있는 일을 하고 싶었던 나는 기쁜 마음으로 그를 돕게 되었다.

장학재단 이름을 지어달라는 부탁을 받고 김중제 사장님의 이름 이니셜로 이름을 지어 갔다. 그러나 그는 자신의 이름이 드러나는 것을 원치 않는다고 하며 새 이름을 지어달라고 했다. 매년 수억 원씩 장학 기금을 내는 것이 부담스러우니 기부를 받자고도 제안했다. 그러나 그것도 거절하며 장학재단이 잘 운영되기까지는 자신이 전적으로 후원을 하겠다고 약속했다. 장학재단을 설립하기 위해서는 실무를 담당할 직원이 필요했다. 고민을 하다가 둘째 딸에게 상의했더니, 며칠 만에 함께 하고 싶다는 답을 주었다. 우리는 장학재단 이름을 '꿈꾸는장학재단'이라 정하고 법인 설립 절차에 들어갔다. 법인 설립을 기획하고, 구비 자료를 준비하고, 이사회 조직을 구성하고, 서울시 교육청에 인가를 신청하기까지 한 달 반이 걸렸다. 그리고 한 달 만에 허가가 났고, 12월 23일 오전 등기가 완료되어 오후에 창립 이사회를 열 수 있었다.

연구위원들을 위촉하여 프로그램과 시스템을 만들고 중고생을 대상으로 장학생을 선발하였다. 2017년 3월 25일 성동구청 대강당에서 150여 명의 장학생과 학부모들이 참석한 가운데 첫 장학증서 수여식을 개최하였다. 다른 장학재단이 학비 지원을 주목적으로 한다면, 꿈꾸는장학재단은 장학생들이 선한 꿈을 꾸고, 우리 사회에 필요한 리더로 성장하여 다음세대에게 선한 영향력을 전해줄 수 있도록 다양한 지원을 한다. 재단의 핵심 가치는 장학금을 통한 배움과 성장, 그리고 사회 구성원으로서 나눔 실천이다. 장학생들은 Sharing for Dream과 Chance for Dream으로 나누어 선발하였다. Sharing for Dream 장학생은 지역과 계층을 위주로 선발하였고, Chance for

Dream은 과학고, 외국어고, 영상고, 북한이탈자대안학교 등 특성화 고등학교를 위주로 선발했다. 장학사업과 함께 인성 교육 사업과 멘토링사업을 실시하여 장학생들이 진로에 대한 꿈을 꾸고 올바른 인재로 성장하며 그 꿈을 이룰 수 있도록 돕고 있다.

2018년에는 양재동 다음학교에서 제1회 꿈프로젝트 행사가 열렸다. 서울 영상고등학교 장학생들이 만든 영상을 시청하고, 여러 장학생들이 자신의 꿈을 발표하고, 꿈꾸는서포터즈로 위촉되었다. 2019년에 열린 장학증서 수여식 후에는 멘토 토크 행사를 진행되었다. 서울대, 카이스트, 고려대, 연세대에 진학한 4명의 선배 장학생들이 멘토로 참여하여 후배 장학생들의 꿈을 격려해주고, 자신의 경험과 지혜를 후배들과 나누었다. "꿈을 찾아 헤매다 만난 꿈과 성장", "공부 포기자에서 꿈을 꾸며 바뀐 학창시절", "공부하기 싫을 때는 유튜브와 SNS로!", "공부도 창의적! 노는 것도 창의적!" 이란 주제로 선배들이 이야기를 들려주었다. 후배 장학생들은 물론 스페셜 게스트로 참여한 나도 이들의 이야기에 감동이 되었다.

꿈꾸는장학재단의 김중제 이사장님과 나는 서로를 '축복의 통로'라고 부른다. 나이가 같고, 시골 출신이고, 생각하는 것과 살아가는 방식이 비슷해서 궁합이 잘 맞는다. 우리 두 사람 모두 형제간의 우애와 화목을 중요하게 생각하고, 긍정과 열정, 칭찬과 감사, 나눔과 섬김을 중요한 가치로 여기며 실천하려고 노력한다. 장학 사업을 계기로 우리는 더욱 친해졌고 의기투합하여 다음세대를 위한 일들과 선교 사역도 함께 하게 되었다. 어느덧 꿈꾸는장학재단은 6년째가 되었다. 아름답게 성장하며 다른 장학재단의 벤치마킹 모델이 되고 있다. 이는 김중제 이사장의 꿈과 비전을 기반으로 이사진과 연구위원들이 창의적 프로그램을 만들고, 장학생들과 학부모들이 적극적으로 참여하고 호응한 결과이다. 합력하여 선을 이룬다는 말이 꿈꾸는장학재단을 통하여 실현되고 있음을 본다.

김중제 이사장님을 도와 함께 시작한 꿈꾸는장학재단의 수여식 현장 ⓒ이요셉

탈북 청소년들의 꿈을 응원하며

2017년 꿈꾸는 장학재단 장학증서 수여식이 다음학교에서 있었다. 다음학교는 전존 교장선생님과 전사라 교감선생님 부부가 운영하는 북한이탈자 대안학교이다. 솔리데오시스템즈 김숙희 사장님으로부터 소개받은 전사라 교감 선생님은 내가 진행하던 꿈꾸는 여행자 방송의 게스트였다. 방송 진행 중 깊은 감동이 있어 김중제 이사장님께 전사라 교감선생님을 소개했는데, 이사장님은 다음학교를 직접 방문하고 학교의 비전과 상황을 파악하고 북한 이탈 청소년의 장학사업과 홈커밍 데이 지원을 약속하였다.

교장, 교감선생님 부부는 미국에서 사업을 하면서 안정된 삶을 살던 분들이었다. 그러던 중에 북한 문제에 대한 소명을 받고 사업을 다 내려놓고 한국으로 오신 분들이었다. 내 자녀처럼 북한 이탈 청소년들에게 좋은 것을 주고 싶었다는 두 분은 많은 여러 기관의 도움으로 학생들을 위한 아늑한 보금자리와 다양한 프로그램을 만들었다. 여러 어려움이 있었지만 대학과 사회가 필요로 하는 우수한 교육과 한국을 비롯해 국제 사회를 이해할 수 있는 현장 교육을 제공하여 학생들의 학업 능력과 자존감을 높여주고 있다. 다음학교 곳곳은 학생들이 그린 그림으로 장식되어 있다. 밝게 채색된 그림 안에는 이곳 학생들이 어떤 배움과 사랑을 받고 있는지가 담겨있다. 5층 다락방에는 아담한 도서관과 기도실이 있다. 이곳은 아버지 이어령 교수님이 딸 이민아 목사님을 기념하는 공간으로 기증하신 곳이다.

다음학교에서 여러 학생들을 만날 수 있었는데 특히 탈북 과정에서 어려움을 겪은 학생들의 이야기를 들을 수 있었다. 강예림(가명, 24세 평양 출생)은 외동딸로 어려서부터 총명하였으며 부모님의 많은 사랑을 받으며 자랐다. 교육에 대한 열정이 남달랐던 부모님은 어려서부터 가정교사를 두면서 예림이 공부할 수 있는 환경을 만들어 주었다. 그러나 대학보다는 통역사가 되기 위해 중국으로 가게 되었다. 중국의 자유를 경험한 예림이는 새로운 세상이 있다는 것을 발견하고 탈북을 결심했다. 브로커를 통해 제 3국을 거쳐 탈북할 경우에는 그 과정에서 죽을 수도 발각되어 북송될 수도 있다는 이야기를 들었기에 베이징 한국 대사관에 직접 들어가겠다고 결정했다고 한다. 그 주변을 몇 날 며칠을 배회하면서 중요한 사실 하나를 발견했다. 대사관의 철문이 열려서 닫혀질 때까지 3초가 걸린다는 것이었다. 3초는 발로 뛰어 들어가기에 불가능한 시간이라 예림이는 스쿠터를 타고 대사관 문이 열렸을 때 재빨리 들어가기로 했다.

다음학교에서 열린 꿈프로젝트 행사에서 사회를 보는 모습. ⓒ이요셉

이러한 계획을 실행하기 전에 북한에 계신 어머니에게 전화드렸다고 한다. 어머니는 예림이가 "엄마"라고 했을 때 직감을 하시고 "그래 떠나라"라고 말씀해주셨다. 예림이는 결국 대사관 진입에 성공해 대사관 수용소에서 7개월 지내면서 인터넷을 통해 영어를 공부하고 한국 사

회를 알아갔다. 한국에 와서 다음학교에 입학한 예림이의 총명함과 영어 실력은 탁월했다. 모든 교사들에게 기쁨을 주는 학생이었던 예림이는 서울대 입학을 목표로 수능 공부를 하고 있다. 베이징 한국 대사관은 예림이 진입 사건 이후 대사관 문을 고쳐 여닫이가 아니라 고정문으로 교체했다고 한다.

꿈프로젝트 행사에서 장학생들이 자신의 꿈을 발표하는 현장. ⓒ이요셉

다음학교 학생들을 만나보니 학생들의 가장 큰 고민은 진로 문제였다. 취업이 어렵고 진학과 창업도 만만치가 않았다. 그래서 희망자를 모집하여 방과 후 3개월 수업 과정으로 '꿈꾸는 청춘학교'를 운영하기로 하고 11주간 진로와 창업 수업과 그룹 멘토링을 실시하였다. 토브정신건강연구소 박홍규 대표가 교재 작성과 강의 진행을 맡았고, 자원봉사 강

사들은 다음세대와 탈북자에 관심 있는 지인들에게 부탁했다. 조미리애, 최중락, 이만희, 정원혁, 윤명범, 서원균 교수님이 학교를 방문하여 강의와 멘토링을 하고 간식도 쏘았다.

탈북 청소년들을 돕기 위해 모인 김중제 이사장님과 전존, 전사라 교장교감선생님, 그리고 필자.　　　ⓒ이요셉

기업을 견학해 보고 싶다는 다음학교 학생들의 요청을 받아 기업 탐방 프로그램도 진행하였다. 판교 유스페이스에 있는 인포뱅크를 방문하여 박태형, 이현승, 김유안, 이효승 대표님의 말씀을 듣고 위담바이오 연구원들의 안내로 12층 회사를 견학하고 옥상에서 판교 테크노밸리 전경을 구경하였다. 성수동에 있는 이카드밴을 방문하여 꿈꾸는장학재단 김중제 이사장님의 말씀을 듣고 맛집에서 식사도 대접받았다. 프로티엔에스 최중락 사장님은 특강과 멘토링을 섬겨주신 것은 물론 다음학

교 학생에게 인턴 교육을 시켜 주었다. 나중에 안 사실이지만 직업적인 조언만이 아니라 인생에 관한 이야기를 많이 해주고 격려금도 주었다고 한다.

다음학교에서 만난 탈북 청소년들에는 강점이 있었다. 이기주의보다는 공동체 의식이 컸다. 하루는 다음학교 학생들이 외부에서 체육대회를 하고 있는데 한 남한 학생이 갑자기 몸이 아파서 혼자서 걸을 수 없는 상태가 되었다고 한다. 이때 탈북 청소년 하나가 그 친구를 업고 운동장 밖으로 나왔는데, 대부분 탈북 학생들은 이런 행동을 당연하게 여긴다고 한다.

IT로 이어진 사랑 네트워크

2013년 광림교회에서 열린 솔리데오 조찬예배에서 FMnC 기술과학전문인 선교단체[4] 전생명 대표를 처음 만났다. 그는 IT 선교의 필요성을 역설하며 2013 ITMC IT Mission Conference 를 소개했다. 2012년 YWAM 창시자 로랜 커닝햄이 하나님으로부터 2만 명의 IT 선교사를 세우라는 비전을 받고, 한해 동안 세 번의 '코리아 비전 투어'를 하며 ITMC 행사를 계획하였고, FMnC가 그 일을 감당하게 되었다. 이날 조찬예배에 참석했던 이포넷의 이수정 사장님과 황상윤 사장님은 IT로 열방을 섬기겠다는 비전으로 교육과 훈련을 받고 제1호 IT 선교사로 파송 받았다. 나도 2016년 FMnC Mission Perspectives 교육을 받으며 IT 선교에 눈을 뜨게 되었다. FMnC라는 선교 단체를 만난지 얼마 되지 않아 안산 온누리 M센터에서 열린 국내 아웃리치에 참석했다. 1박 2일간 교육을 받으며 전략적 관점에서 선교를 배울 수 있었다. 시내와 공장을 방문하여 여러 나라에서 온 외국인들도 만날 수 있었다. 전문인 선교를 꿈꾸는 선교사님들과 하룻밤을 지내며 나도 선교사가 되고 싶다는 생각을 처음으로 품게 되었다.

2016년 3월 나는 WTIT 이사로 선임되었고, 그해 가을 FMnC 전생명 대표님과 솔리데오 CEO 가족 17명과 함께 네팔로 달려갔다. 네팔 현지 목사님들과 마을주민들이 나와 열렬히 우리를 환영해 주었고, FMnC 전생명 대표님의 인도로 함께 기도하고 찬양하는 예배의 시간을 가졌다. 네팔 사랑코트에 있는 사랑의집에 올라가서 IT 도서관에 기증한 스마트 바이블과 노트북을 설치해주었다. 흑암으로 덮여있던 산간 마을에 태양광 전기가 들어오고 노트북과 스마트 바이블로 IT 도서관이 만들어지자 아이들이 몰려들었다. 아이들에게 빛이 들어온 것이다.

네팔 카트만두에서는 고연희 선교사님을 만났다. 순천향병원을 다니시던 고 선교사님은 안정된 직장을 다니시던 남편과 함께 네팔에 오셔서 고아들을 돌보고 계셨다. 네팔에서 10여 명의 고아를 자녀로 키우면서 살아가는 그녀의 이야기를 들으며 눈물과 감동이 가득 차올랐다. 네팔에서 돌아와 서원균 박사님에게 네팔 이야기를 전했더니 서 박사님은 몇 차례나 네팔에 의료선교를 다녀오셨다. 네팔 지진으로 다리를 다친 고연희 선교사님을 치료해주시고, 고아원 학생들을 도와주셨다.

2018년 가을 다시 네팔에 가서 고연희 선교사님이 계신 고아원을 방문했다. 서원균 박사님이 싸주신 한약과 건어물 가방, 꿈꾸는장학재단에서 준비한 옷과 기념품을 전달했다. 함께 간 이요셉 작가님의 진실한 기도에 따라 함께 기도하는 노란 옷을 입은 아이들의 모습이 정말 예뻤다. 한국에 돌아와서도 그곳의 아이들을 잊을 수가 없었다. 그래서 나는 매월 그곳의 아이들이 생일 파티를 할 수 있도록 후원하고, 2020년 WTIT를 통해 컴퓨터센터를 구축하였다.

IT선교와 다음세대 사역에 힘을 모았던 이수정 사장님이 블록체인 기부플랫폼 체리를 시작했다. 그는 20여 년 전부터 기부를 해오다가 기부의 불편함과 어려움을 해결하기 위해 자신이 직접 투자하여 기부플랫폼 체리를 만들었다. 체리는 국내 최초 블록체인 기반 기부플랫폼으로 언제 어디서든 누구나 수수료 없이 모금하고 기부할 수 있다. 체리가 만들어지기까지 많은 분들의 기도가 있었다. 2019년 과학기술정보통신부가 진행한 15억원 규모의 블록체인 민간주도 국민 프로젝트에 당선되기까지 함께 기도하였고, 코엑스에서 열린 블록체인 진흥주간 행사에는 많은 분들이 참석하여 격려와 응원을 보냈다.

사단법인 새길과새일 대표로 있을 때는 체리를 통해 기부가 필요한 곳곳에 기부금이 전달되도록 뛰어다녔다. 코로나로 신음하는 대구 의료진과 시민들을 위한 기부 캠페인, 아프가니스탄 및 세계 의료취약국에 코로나 진단키트 보내기, 캄퐁치난에 정보기술학교 짓기, 아프리카 유학생들과 성탄케이크 나눔, 노숙인 분들 사랑의 겨울나기, 중증장애인 이동식 리프트 차량, 국군장병을 위한 푸드트럭 모금 등이 기억에 남는다. 이 일로 인해 새길과새일은 후원 횟수 부문에서 1위, 후원자와의 소통 부문에서 1위, 나눔단체 후원자수 부문에서 2위로 2020 체리 나눔 명예의 전당에 올랐다.

네팔 사랑코트 사랑의집에 세워진 IT 도서관의 스마트 바이블과 노트북 기증식

체리멤버스 **운영위원회** 위원으로 활동하며 체리 플랫폼을 이용해 여러 기관과 사람들을 도우면서 효과적이고 투명하게 기부금을 모금하고 전달할 수 있었다. 체리 직원들이 친절하고 빠르게 대응해 주었다는 점 또한 좋았다. 또한 체리 기부플랫폼을 활용한 비대면 걷기 대회는 운동을 하며 후원도 할 수 있어 즐겁고 보람 가득한 추억으로 남아있다.

MZ세대 청년들과 스타트업

2016년 위담한방병원의 최서형 이사장님을 만났다. 최 이사장님은 다음세대 크리스천 리더십 양성을 위해 '새길과새일'이라는 사단법인을 운영하고 계셨는데, 청년 사역을 하던 나를 초청하신 것이다. 나는 전생명 대표와 이준호 소장과 함께 최 이사장님을 만났는데, 이후 전 대표는 병원에서 치료받으며 한방인공지능화의 계기를 만들게 되었다. '새길과새일' 일을 돕던 어느 날 최서형 이사장님은 나에게 위담한방병원 경영총괄대표 자리를 제안하셨다. 의료와는 전혀 관계없었던 내가 청년 사역을 계기로 최서형 이사장님을 만났고 병원 총괄

대표가 된 것이다.

2017년은 정말 바쁜 한해였다. 병원 총괄대표로 일하며 청년, 선교, 장학, 방송 등의 일을 하다 보니 시간을 쪼개서 써야만 했다. 정말 많은 일들을 했는데 가치 있고 기쁜 일들이라 피곤함을 느끼지 못했다. 내가 진행하던 CTS 라디오JOY 꿈꾸는 여행자에 게스트로 인포뱅크의 박태형 사장님을 초대하였다. 그렇게 인연이 닿은 박태형 사장님은 나에게 한방 바이오 회사 설립을 제안하였다. 회사 설립은 급물살을 탔고, 그해 12월 15일 위담바이오 창립식과 감사 예배가 열렸다.

바이오 스타트업을 설립하려니 함께 할 사람들이 필요했다. 나는 새 일을 찾고 있던 김상배 사장님께 먼저 도움을 청했다. 망설이던 김사장님은 찜질방과 카페에서 삼고초려했던 내가 갸륵했는지 도와 주시기로 하셨다. 그 다음으로 나는 서원균 박사님께 도움을 청했는데 감사하게도 수락해 주셨다. 김상배 사장님과 나는 한의학을 몰라, 서박사님의 도움을 받아가며 연구 개발을 시작하였다. 위담바이오를 경영하며 솔리데오 회원분들로부터 많은 도움을 받았다. 전진옥, 조미리애, 이규진, 송관용, 조성범, 서정원 사장님 등 많은 분들이 도와주셨다. 판교에서 스타트업을 창업한 나는 새로운 경험을 많이 했다. 교수님들의 추천으로 채용한 MZ세대 정현규, 권익진, 김태우 연구원과 일을 하며 세대 차이를 극복해야 했고, 투자를 받기 위해 사업계획

제안서를 썼다가 떨어지기도 했다.

요즘 청년들은 우리 때와 많이 다르다. 사장이 업무를 지시하면 먼저 왜 해야 하느냐고 묻는다. 이해가 되지 않으면 일을 진행해 가는 것을 어려워한다. 반면에 정보 취득과 업무 능력이 뛰어나다. 일도 잘하지만 놀기도 잘한다. MZ세대는 일도 중요하지만 개인의 삶도 중요하다. 직업의 우선순위가 일의 성취보다는 행복한 삶의 보장에 있는 듯하다.

MZ 세대와 같이 일하며 소통하기 위하여 많은 노력을 했다. 팔당의 최서형 이사장님 댁에서 수차례 워크샵과 식사를 하고, 태안으로 바다 여행을 하고, 가락수산시장에서 꽃게와 바닷가재 파티, 체력을 보강하려고 장어구이를 먹으러 가는 등 함께 식사를 자주 하고 커피를 마시며 친구처럼 지냈다. 젊은 세대와 소통하려면 먼저 친해져야 한다. 친해지려면 권위를 내려놓고 친구처럼 다가가야 한다. 개인적인 고민과 회사에서의 어려움을 얘기하면 경청하고 그들 스스로 답을 찾을 수 있도록 도와줘야 한다.

나는 판교에서 일하면서 인포뱅크 박태형 사장님이 하시는 판교신우회, 마커스워십 나눔콘서트, 스타트업 멘토링 등의 일에도 참여하게 되었다. 2017년 부터 매주 목요일 12시, 인포뱅크 회의실에서 열리는 판교신우회 예배에 참석해 함께 찬양을 부르고 중보 기도하며 김용정 목사님의 설교를 듣는 자리는 영적 충전의 시간이었다. 예배를 마치고 박태형 사장님이 쏘시는 점심을 먹으며 판교 지역의 여러 회사에서 온 직장인들과 교제도 나눌 수 있었다. 교회가 아닌 일터에서 예배하니 일터가 교회가 되었다.

판교신우회의 가장 큰 행사는 야회 음악회다. 매년 가을 유스페이스 광장에서 2시간 동안 나눔콘서트를 여는데, 2천 여명의 군중들이 참여하여 찬양과 말씀에 열광했다. 나는 2017년 마커스워십과 함께하는 가을콘서트, 2018년 마커스워십 나눔콘서트, 2019년 제이어스와 함께하는 나눔콘서트의 기획과 후원에 참여하며 미전도종족이라 불리는 판교 지역에 복음의 씨앗을 뿌리는 현장에 함께 했다. 판교신우회에서 활동하며 박태형 사장님의 굳건한 믿음과 헌신 또한 배웠다. 그를 보면 밀알 하나가 땅에 떨어져 죽지 않으면 한 알 그대로 있고 죽으면 많은 열매를 맺는다는 말씀이 떠오른다.

© 이요셉

2019년, 판교신우회 주최로 열린 제이어스와 함께 하는 나눔콘서트

Chapter 4

떠나야
꿈이 보인다

일본,
일과 여행의 시작

1986년, 나는 6개월의 군 생활을 마치고 소위로 임관했다. 한 달 후 아이가 태어날 것을 생각하니 갑자기 두려워졌다. 일단 취직하여 의료보험 혜택을 받고 돈을 모아 유학을 가려는 생각에 금성사 현 LG전자 에 취직했다. 3월 25일에 큰딸이 태어나고 4월 1일에 첫 출근을 했다. 처가살이에서 독립해 과천 15평 연탄아파트로 이사도 했다. 경제적으로 독립하고 우리 가족만의 보금자리를 얻게 되자 소박하지만 특별한 행복이 느껴졌다.

입사한지 얼마 되지 않아 금성사가 일본 히다찌제작소와 합작회사를 만든다는 정보를 들었다. 유학가기 전에 컴퓨터와 일본어를 배우면 좋을 것 같아 신설 회사에 자원을 했다. 1986년 금성히다찌시스템 현 LG히다찌 이 창립되었고 나는 자랑스러운 창립 멤버가 되었다. 출근해서 내가 하는 일은 컴퓨터와 어학을 배우는 것이었다. 유학을 준비하며 일본어와 컴퓨터를 배우고 봉급까지 받았으니 행운이란 생각이 들었다. 하루 6시간씩 3개월 열심히 공부한 결과 일본어 평가에서 1등을 했고, 일본에 기술 연수를 갈 수 있는 기회를 얻게 되었다. 해외여행이 금지되던 시절 선망하던 일본 출장을 가게 되니 가슴이 뛰고 설레었다.

일본에 도착하자 야스다겐지 선생님이 나에게 통역을 부탁했다. 3개월 공부한 내가 어떻게 통역을 할 수 있을까? 컴퓨터 초짜인 내가 전문가들에게 통역한다는 것이 가능할까? 걱정이 되었지만 새벽까지 사전을 찾아가며 예습하고 통역을 했다. 새벽에 야식하는 것을 기쁨으로 여기며 2주 정도 보내고 나니 통역이 자연스러워졌다. 시간적 여유가 생기면서 주말이면 동경의 명소들을 탐방하며 일본 문화와 음식을 체험할 수 있었다.

45일간의 일본 연수를 마치고 돌아오니 막중한 업무가 주어졌다. 회사를 그만두고 유학을 가려니 교육시켜 준 회사에 미안했다. 유학을 보류하고 금성사 생산관리시스템을 개발하러 창원에 내려갔다. 1년간 8인용 공장 기숙사에 묵으며 날마다 새벽까지 일했다. 금요일 밤 업무를 마치면 야간 기차를 타고 서울로 올라와 하루를 지내고 다시 새벽 기차를 타고 창원에 내려가는 일상이 반복되었다. 바쁜 와중에 둘째 딸이 태어났고 나는 워크홀릭의 딸딸이 아빠가 되었다. 심신이 피곤하던 1989년 말 일본 장기출장의 길이 다시 열렸다.

회사가 자본 잠식이 되자 일본 프로젝트를 확대하게 되었고, 나는 팀원들과 함께 브리지스톤이라는 일본 회사에 개발 PM으로 파견되었다. 열심히 일을 해서 우리는 신뢰를 얻었고 '브리지스톤 구매집중관리시스템'이라는 대형 프로젝트를 수주하게 되었다. 기쁨도 잠시, 고객과 상견례 하는 날 우리에게 일을 줄 수 없다는 날벼락 같은 소리를 듣게 되었다. 발주 책임자가 한국 사람들과 일하게 될거라는 사실을 고객에게 알리지 않았던 것이다. 순간 당황했지만 나는 한 달만 일해보고 계속할지 여부를 결정하자고 제안했다. 고객이 수용하여 프로젝트는 시작되었지만, 한달 후 철수할지도 모른다는 사실이 엄청난 부담이 되었다. 상사에게 물어보지 않고 내가 결정을 내렸으니 책임도 내가 져야만 했다.

프로젝트는 4명으로 시작하였다. 하루 8시간 업무 설명을 듣고 저녁을 먹은 후에 사양서 **설계서** 를 썼다. 팀원들이 일본어 능력이 안되거나 업무분석 능력이 부족하여 내가 도와주어야만 했다. 한 사람씩 붙잡고 두 시간씩 작업하고 나면, 내 시간은 새벽 1시에나 주어졌다. 내가 담당한

분량의 사양서를 쓰고나면 새벽 3시, 기진맥진하여 자리에 누우면 가족 생각이 절실했다. 아내에게 쓰는 손편지 위에 구슬 같은 눈물이 뚝뚝 떨어졌다.

한 달이 지나고 심판의 날이 다가왔다. 지성이면 감천이라는 속담처럼 고객이 계속해서 일하자고 했다. 일본어로 사양서를 쓰는 것이 쉬운 일이 아니었지만, 우리는 마음과 정성을 다했다. 너무 많은 글을 써서 손이 아프게 되자 다양한 종류의 샤프를 구입해서 10분 간격으로 번갈아가며 썼다. 이렇게 1년을 고생하자 수십개의 샤프를 수집하게 되었고, 일본어 글씨가 예쁘게 되었고, 업무 분석과 시스템 설계 능력이 하루하루 향상되었다.

일본에서 함께 고생한 팀원들과 1박 2일 온천 여행

사무실에서는 팀장, 부엌에서는 주방장

동경지사에서 업무 분석을 마치고, 설계 작업을 위해 시가현 히꼬네에 있는 관서지사로 이동했다. 30평 정도의 넓은 아파트 2채와 승용차를 제공받았고, 사무실은 걸어서 5분정도 되는 곳에 있었다. 집과 사무실 주변은 평화롭고 아름다웠다. 주변에 비와호와 히꼬네성 등 관광 명소가 있었고 공기가 좋아 살기에 쾌적한 곳이었다.

집을 떠나 일본에서 일한지 몇 개월이 지나자 팀원들의 체력이 급속히 떨어졌다. 나는 직접 장을 봐서 하루 세끼를 요리해서 팀원들을 먹이기 시작했다. 주말에는 승용차로 온천에 데려가 피로를 풀어주고, 관광도 시켜 주었다. 팀장이 주방장, 운전사, 가이드 역할까지 하니 팀원들 모두 나와 함께 있고 싶어했다. 요리 솜씨가 늘어갈수록 팀원들은 잘 먹고 열심히 일했다.

시간을 절약하려고 큰 밥그릇에 각종 덮밥을 만들어 주었다. 3개월이 지나자 직원들은 4~5kg씩 포동포동 살이 쪘다. 가끔 같이 일하는 일본인들을 초청해 집에서 식사를 했더니 요리 솜씨가 소문나기 시작했다. 고객 부탁으로 불고기 40인분을 만들어 아파트 바베큐 파티에 가지고 간 적도 있었다. 간마늘과 참기름을 듬뿍 넣어 만든 고추장 불고기는 인기 최고였다. 덕분에 매주 40인분의 불고기를 만드는 수고를 해야 했지만 이웃들과 가깝게 지낼 수 있었다.

일본에서 퇴근 후 팀원들과 소갈비살 구이 식사

오랫동안 일본에서 일한 직원들의 가족을 순차적으로 일본에 초청하는 프로그램도 만들었다. 나이가 어린 순으로 순번을 정했더니 우리 가족은 마지막 순서였다. 나는 장인 장모님과 아내와 두 딸을 초대하여 일주일간 관서지방을 여행했다. 우리 가족 최초의 해외여행이었다. 장인은 내가 운전하는 차를 타고 여행하시면서 "사위 잘 두어서 호강하네!" 라고 몇번이나 말씀하시며 행복해 하셨다.

우여곡절을 겪으며 시작한 프로젝트는 한 달이나 빠르게 완료되었다. 그대로 귀국할 수도 있었지만 우리는 한달 동안 '골프볼 생산관리시스템'을 서비스로 개발해 주었다. 그것이 유명한 '투어스테이지'라는 것을 나는 10년 후에 골프를 배우고 나서야 알게 되었다. 1991년 과장으로 승진한 나는 더욱 바빠졌다. 일이 늘면서 매달 절반은 한국에서 나머지 반은 일본에서 지내야 했다. 동경에서는 회사 근처에 아담한 맨션을 빌려 1층에서 3층까지 우리 직원들이 썼다. 낮에는 일을 하고 밤에는 직원들 한 명 한 명과 면담을 하며 그들의 애로사항을 해결해 주었다. 내 방은 식당이었고 나는 주방장이었다. 주말이면 해물 수제비를 끓여 먹였고, 비가 오는 날이면 부추전과 김치전을 만들어 먹였다. 여직원 머리도 깎아 주며 우리는 한지붕 한가족으로 다정하게 지냈다.

열심히 일본을 오가던 중에 직장 생활 최대의 위기를 맞이하였다. 출장비를 가지고 나가다 한도 초과에 걸린 것이다. 평소에 근거 서류를 가지고 나가면 문제가 안 되었는데, 합동 단속 기간이라 봐줄 수 없다는 것이었다. 외환관리법 위반으로 큰 액수의 벌금을 내면 전과자가 되고 회사를 그만 두어야 했다. 직원들은 집으로 찾아와 내가 그만두면 자기들도 회사를 그만 두겠다고 위로하였다. 이때 계열사 상무님 한분이 자신의 법대 동문들에게 일일이 연락하여 나의 억울함을 호소하여 주셨고, 다행히 벌금 200만을 내고 회사를 계속 다닐 수 있게 되었다.

1992년은 17개의 프로젝트를 수행할 정도로 호황을 누렸다. 개발방법론에 대한 컨설팅 결과를 보고 할 때, 게이오대 교수로부터 "최상이 작성한 자료는 투박하지만 규정이 아니라 헌법을 만들려고 노력했다!" 라는 평가를 받았을 때는 자부심을 느꼈다.

일본에서
만두집을 꿈꾸었지만

일본에서 5년 동안 일하면서 좋은 사람들을 많이 만났다. 일본에 가기 전까지만 해도 일본인들에 대한 인식이 별로 좋지 않았는데 내가 만난 일본인들은 한결같이 좋았다. 일본인들은 "히토니 메이와쿠오 카케루나 남에게 피해를 끼치지 마라"라는 문화가 몸에 배어 있다. 어릴 때부터 교육을 받으며 메이와쿠 문화를 자연스럽게 익힌다. 길을 가다가 부딪히거나 작은 실수만 해도 "스미마셍 미안합니다"이라고 습관적으로 말한다. 그들은 지나칠 정도로 친절하고 겸손하다. 메이와쿠 문화는 다양한 모습으로 나타난다. 공동체 방침에 잘 협조하고 서로 조화를 이루려고 노력한다. 단체 생활에서 남에게 피해를 주지 않으려고 노력하고, 전체를 위해 개인이 인내하고 희생하는 것을 당연히 여긴다. 일본인들과 오래 생활하다 보니 나에게도 이런 습관이 자라나기 시작했다.

일본에서 일하면서 소통 능력이 많이 늘었다. 문화가 다른 사람들과 업무적으로 인간적으로 소통해야 했고, 여러 나라와 지역에 분산된 사람들과 협력해서 일해야 했다. 일을 잘하려면 소통을 잘해야 했고, 소통을 잘하려면 일본어를 잘하고 논리적으로 요점정리를 잘해야 했다. 일본 장기 출장을 통하여 나는 이러한 능력을 배양할 수 있었고, 일본 문화에 대한 이해와 견문을 넓히며 글로벌 인재가 되고픈 꿈을 품게 되었다.

다른 한편으로 일본에서 나는 만두 맛집을 탐방하며 한국에서 만두 프랜차이즈를 차리는 꿈을 꾸기도 했다. 내가 가장 좋아하던 일본 음식은 교자 만두, 라멘 라면, 챠한 볶음밥, 오코노미야끼 빈대떡 와 같이 한국 음식과 결을 같이하는 음식이었다. 시간만 나면 맛집을 찾아다녔고 서점에 가서 만두 책을 사서 공부하며 직접 만들어 보았다. 일본 만두는 부추와 배추가 많이 들어가고 만두를 굽는 방식이 다르다. 한국의 군만두가 기름에 굽거나 튀기는 것이라면, 일본 군만두는 두꺼운 철판을 뜨겁게 하여 기름을 살짝 바르고 수증기로 튀긴다. 한국에 프렌차이즈가 낯설었던 당시 일본에서는 프렌차이즈가 대중적으로 보급되어 있었다.

1993년 어느 날, 5년간 공들이던 일본 사업이 갑자기 중단되었다. 일본 불경기가 심해지면서 더 이상 한국에 일을 줄 수 없다는 것이었다. 결국 우리 팀은 철수하였고 송추계곡에서 1박2일 해단식을 가진 후에 해체되었다. 회사를 그만두고 과천 2단지 상가에 만두집을 차리자고 아내에게 제안했다. 나를 가장 잘 아는 아내는 내가 상인들 세계에서 왕따가 될 것이며, 돈은 벌지 몰라도 보람을 얻지 못할 것이라고 충고했다. 결국 나는 만두 가게를 포기하고 회사 내에서 새 일을 찾기로 했다.

일본에서 돌아와 잠시 방황하던 중에 새 길이 열렸다. 회사의 미래를 위해 신설하는 사내벤처 S1 팀장으로 발탁된 것이다. 사장님은 나를 미국 컨퍼런스에 데리고 다니시며 새로운 트랜드를 보게 하셨다. S1 팀장으로 일하며 시중은행 조흥, 하나 컨설팅 프로젝트에 PM겸 통역으로 투입되었다. 일본에서 온 컨설턴트들과 함께 일하며 금융 업무와 선진 시스템을 공부할 수 있었다. 그들과 미국 은행들을 벤치마킹하러 다니며 한국 은행이 나아갈 바람직한 방향도 알게 되었다. 미국의 모 은행을 방문했을 때의 에피소드다. 궁금한 것들에 대하여 질문을 많이 했더니 인솔했던 일본 부장이 밤에 직원들을 소집하여 혼줄을

냈다고 한다. 자신의 부하들이 질문을 하지 않는 것에 대단히 화가 났던 모양이다. 이때 만났던 컨설턴트와 부장이 10년 후 일본 히다찌의 고위임원이 되어 나를 물심양면으로 도와 주었다.

퇴직 후 만난 여행, 네팔

퇴직 후에 무엇을 할 것인가 생각하다가 2년 동안 여행을 했다. 첫해는 중국 북경에 가서 여러 나라의 청년들과 함께 중국어를 공부하며 여행했다. 둘째 해는 아내와 네팔 트레킹을 하며 여행했다. 2016년 1월 21일, 바라고 바라던 25일간의 네팔 어드벤처를 떠났다. 히말라야를 트레킹하고 네팔 문화유적지를 탐방하는 것이 목적이었지만, 도중에 교회 분들과 합류하여 단기선교를 하는 일정도 포함되어 있었다. 2011년부터 매년 4박 6일 일정으로 네팔 단기선교를 다녀오면서도 트레킹할 시간이 없었다. 언젠가는 꼭 해보고 싶었는데 퇴직 기념 여행으로 이루어진 것이다.

당시 네팔은 전년도에 발생한 7.8 강도의 대지진으로 수많은 사람들이 죽고 문화유산이 파괴된 상태에 있었다. 인도와 관계 악화로 국경이 봉쇄되고 유류 공급이 중단되어 심각한 경제난을 겪고 있었다. 물가가 급등하고, 교통이 월활치 않고, 호텔 난방도 되지 않았다. 그렇지만 계획했던 네팔 여행을 포기할 수 없었다. 비행기표를 예약하고, 집 근처 산을 걸으며 트레킹 연습을 하고, 여행 용품을 샀다. 30일 비자를 받고, 비상식량과 의약품을 사고, 그곳에 기증할 노트북과 스마트폰을 준비했다. 대한항공 직항도 있었지만, 비용 절감을 위해 방콕 경유로 네팔에 가는 타이항공을 예약했다. 현지 여행사를 예약하지 않고 배낭여행을 하기로 했다. 호텔도 교통편도 식당도 예약하지 않아 조금 불안은 했지만 쉬고 싶으면 쉬고, 가고 싶으면 가는 우리만의 자유롭고 여유로운 여행을 하고 싶었다.

네팔 카트만두 여행 중 아내와 함께 찍은 기념사진

카트만두 트리부반 공항에 도착하여 시내로 가는 택시를 잡으려는데 어떤 사람이 짐을 운반하고 실어주더니 허락도 없이 택시에 동승했다. 그의 이름은 바수였고 여행사 사장이었다. 영어와 일본어를 섞어가며 열심히 자신을 홍보했다. 17세부터 포터와 가이드를 했고, 21세에 결혼해 1남 1녀를 두고 있다고 하며 가족사진을 보여주었다. 우리가 원하면 자기 사무실에서 여행 상담을 해주겠단다. 30분의 짧은 시간에 우리 부부는 그를 신뢰하게 되었고 그의 제안을 받아들였다.

바수 부인 럭스미의 안내를 받으며 3일 동안 카트만두 주변을 여행했다. 파슈파티나트 힌두사원은 네팔 최대 힌두교 사원으로 중앙부의 시바 신전에 커다란 황금 송아지상이 있었다. 힌두교도가 아닌 외부인들의 출입이 금지된 곳이 많았는데, 시신을 화장해 강에 재를 뿌리는 장례 모습이 한 눈에 들어왔다. 지진으로 곳곳이 무너진 사원에서 구걸하는 사람들, 제사용품을 파는 노점상들, 시신을 태우는 강가에서 동전을 줍는 사람들, 지저분한 원숭이 떼들의 모습, 한마디로 놀람과 충격이었다.

보드나트 사원은 네팔에서 가장 큰 불탑으로 기단 높이 36m, 탑 높이 38m, 지름이 무려 100m에 달하는 웅장한 규모이나 지진으로 심하게 훼손되어 입장료를 받지 않았다. 흰색 스투파의 사방에 그려진 눈은 마치 순례자들을 응시하는 듯한 묘한 느낌이었고, 스투파 내부에는 부처의 사리가 봉안되어 있었다. 나라얀히티 왕궁 박물관은 샤 왕조가

1886년 하누만도카에서 이곳으로 옮겨 2008년 공화제가 출범할 때까지 거주하였던 곳으로 2001년 왕세자 디펜드라가 총기를 난사해 비렌드라 국왕 등 왕족 10명을 학살한 비극적인 곳이었다. 스와얌부나트 사원은 약 2000년 전에 건립된 네팔에서 가장 오래된 불교 사원으로 스투파의 상단부에 사물의 본질을 꿰뚫어 보는 통찰력을 상징하는 부처의 눈이 그려져 있는데 카트만두 분지를 굽어보며 도시를 수호하고 있단다. 각양각색 탑과 불상들이 가득하고 불교 경전이 새겨진 마니차를 돌리며 스투파를 한 바퀴 도는 순례자들과 승려들을 볼 수 있었다. 카트만두에서 일본 관광객 30여명을 만났다. 일본 '에르셀란 **엘세레이네, Elsereine**' 회사 직원들이었는데, 카트만두에 설립한 학교 개교식에 참석하러 왔단다. 이 회사는 전 세계에 102개의 학교를 세웠고, 이번이 103번째란다. 사장과 직원들이 기부금을 모아 이렇게 많은 학교를 세웠다니 대단하고 존경스러웠다.

5년 만에 다시 방문한 파탄 더르바르 광장은 지진으로 많은 건물들이 훼손되어 있었다. 파탄 박물관 **옛왕궁** 을 구경하고 불교 힌두 사원과 주변의 상점 마을을 돌아보았다. 상점 마을은 왕궁과 사원에서 사용되던 각종 물건을 만들던 장인들이 모여 살았던 곳인데 지진으로 건물이 많이 훼손되어 위험해 보였다. 박타푸르 더르바르 광장과 카트만두에서 가장 오래된 창구나라얀 힌두사원도 지진으로 많이 파손되어 있었다. 여행 내내 왜 네팔에 이런 큰 지진이 일어났을까 하는 생각과 안타까운 마음이 들었다.

다양한 인생을
만나는 여행

3일간의 카트만두 여행을 마치고 포카라로 이동했다. 새벽에 버스 정류장에 갔는데 예약한 버스가 없었다. 기름이 없어 운행할 수 없다는 궁색한 변명을 듣고 할 수 없이 다른 버스를 타야만 했다. 포카라까지는 버스로 7시간 거리로 도중에 휴게소에서 사먹는 네팔 음식이 맛이 있었다. 포카라에 도착하여 호텔에 짐을 풀고 페와호수를 산책하고 따루목사님께 전화했다. 목사님은 딸 에스더와 함께 나와 우리를 환영해 주었고 다음날 포카라 시내관광을 안내해 주었다.

데비폭포는 스위스인 부부가 캠핑하던 중 아내인 미세스 데비가 범람한 강물에 휩쓸려 이 폭포수 아래의 굴 속으로 빨려들어가 실종되었다고 하는 사연이 있는 곳이었다. 폭포에서 떨어지는 물은 페와호에서 발원해 대지로 빨려들어가 암벽을 형성하는 큰 굴을 통과해 폭포가 되어 떨어진다. 끝이 보이지 않는 지하동굴에 수직하강하는 물줄기가 아찔하다. 국제산악박물관은 네팔의 문화를 상세히 살펴볼 수 있는 곳이었다. 히말라야의 신비한 모습과 이곳을 등산한 사람들의 역사를 전시하고 있었다. 한국 산악인들의 사진과 기록도 많았다. 구릉, 타루족과 같은 소수민족의 생활 양식과 역사, 다양한 민족 의상, 주거 환경 등을 인형 모형으로 볼 수 있었다. 야외에는 모형 에베레스트가 있어 등정하는 사진을 찍을 수 있었다. 히말라야에서 흘러내린 물이 흐르는 세테강 협곡과 메헨드라 동굴, 박쥐 동굴을 구경하고 베그나스 호수로 이동했다. 베그나스 호숫가 언덕에 올라 호수의 전경과 안나푸르나 연봉의 아름다운 경치를 감상하며 생선커리와 생선구이 정식을 먹었다. 호수 주변에서 조용하고 한적한 분위기를 즐기며 요가와 명상을 즐기는 사람들을 볼 수 있었다.

포카라에서 '낮술'이란 한국 식당을 경영하는 사장님 부부를 만났다. 네팔에 여행을 왔다가 너무 좋아 눌러 앉았단다. 가이드 없이 트레킹하는 젊은 한국 여성들도 만났다. 직장을 그만두고 새 길을 찾으려고 왔단다. 목발을 집고 올라가는 다리없는 외국인도 만났다. 자신을 시험해 보기 위해 네팔에 왔다고 한다. 네팔 트레킹에서 이런 저런 사정의 다양한 사람들을 만나며 인생을 배울 수 있었다. 기대하지 않은 곳에서 뜻밖의 사람들을 만나, 생각지도 못했던 일들이 벌어지는 네팔에서의 하루하루가 신기하고 즐거웠다. 계획된 여행을 하는 것보다 계획하지 않은 여행을 하는 것이 재미있는 것처럼 우리의 인생도 그러하지 않을까 생각한다. 인생은 여행과도 같다는 것이 변치 않는 나의 신조다.

눈 덮인 히말라야 산맥을 배경으로 기념 사진   ⓒ이요셉

히말라야 트레킹에서
만난 세계

1차 여행은 4박 5일의 푼힐 코스. 택시로 나야풀 1,070m 까지 가서 트레킹을 시작했다. 네팔을 출발하기 전 준비할 여행 용품이 많았다. 등산복, 침낭, 배낭, 등산화, 등산 스틱, 장갑, 손전등 등을 부부 세트로 구입했다. 캐논 DSLR 카메라와 스마트폰도 새로 구입했다. 바수 사장이 소개한 가이드 부디와 포터 바론파타의 안내로 대망의 히말라야 트레킹 길에 올랐다. 입구에서 입장권을 사서 돌계단을 올랐다. 힘들면 휴식하고 길에서 파는 귤을 사먹었다. 뷰가 좋은 식당에서 네팔 빵과 삶은 감자로 첫 식사를 했다. 즉석에서 반죽해 구운 얇은 빵 **프레인, 콘** 은 고소하고 맛이 있었다. 4시간을 걸어 티케둥가 1,480m 에 있는 게스트하우스에 도착했다. 아담하고 전망 좋은 방에 짐을 풀고 저녁을 먹으러 내려가니 집주인 빔 바하더르와 중국 사진작가 Jack Li가 반갑게 인사했다. 닭구이, 감자튀김, 치즈 감자전으로 저녁을 먹고 이른 저녁에 잠자리에 들었다. 겹겹이 옷을 껴입고 핫팩을 붙이고 침낭 안에 들어갔는데도 몸이 으슬으슬 떨렸다.

둘째 날은 8시간 이상 걸어야 해서 일찍 출발했다. 40분 마다 쉬면서 오르막 길을 걷다가 반탄티 2,210m 라는 곳에서 점심을 먹었다. 창밖의 구름과 산이 멋이 있었다. 밀크티를 포트에 담는 여인의 모습이 아름다웠다. 나무를 때서 만든 볶음밥과 만두처럼 쪄서 만든 샌드위치가 맛이 있었다. 다시 계단을 오르는데 구름에 옷이 젖으며 아내의 체력이 급속히 떨어졌다. 난게탄티 2,430m 를 지나니 눈길이 나타났다. 눈덮인 안개길을 걸어 고레파니 2,860m 숙소에 도착하니 아내가 고산병으로 드러누웠다. 따뜻한 난로가에서 한참을 자고 나서야 아내는 잠에서 깼다. 푼힐전망대에 올라 일출을 보려고 했는데 아내가 아프고 날씨가 흐리니 불가능해 보였다. 아내의 회복과 좋은 날씨를 구하는 기도를 간절히 하고 잠자리에 들었다.

다음날 새벽 5시에 숙소를 출발하는데 아내가 따라 나섰다. 푼힐전망대 3,210m 에 오르니 어둠 속에서 하얀 설산이 위용을 드러냈다. 하늘엔 구름 한점 없었다. 한참을 기다린 끝에 설산위로 태양이 떠오르자 관광객들이 환호와 탄성을 터트렸다. 우리는 블랙커피와 밀크티로 건배를 하고 역사에 남을 기념 사진을 찍었다. 1시간 동안 장관을 구경하고 고레파니 2,860m 숙소에 내려와 잠시 쉬고 타다파니를 향해 출발했다. 밤새 눈이 쌓여 길이 미끄럽고 위험했지만, 내려오는 길은 절경이었다. 3200m 지점에서 중국 사진작가 Jack Li 를 다시 만났는데, 우리 부부의 사진을 멋지게 찍어 주었다.

네팔 히말라야 트레킹 푼힐 전망대에서 아내와 함께

타다파니를 출발하여 간드룩 1,940m 까지 내려왔다. 구릉박물관을 구경하고 마을을 산책하며 평화로운 시간을 보냈다. 구릉박물관에는 전통요리를 만드는 다양한 주방 그릇들이 전시되어 있었다. 트레킹으로 지친 몸을 회복하기 위하여 통닭구이와 석류를 시켜서 먹고 나니 피로가 물밀듯이 몰려왔다. 아내와 감사 예배를 드리고 일찍 잠자리에 들었다. 푼힐 트레킹을 마치는 날, 영국식 브런치로 아침을 먹고 비렌탄티에 내려와 점심으로 신라면을 먹었다. 저녁은 오랫만에 한국 식당에서 삼겹살과 김치찌개를 먹으며 지친 몸을 위로했다.

2차 여행은 2박 3일의 오스트레일리안 캠프 코스. 첫날은 담프스에서 둘째 날은 오스트레일리안 캠프에서 잤다. 오르는 길이 평탄하고 아름다웠다. 정상에서는 설산을 눈앞에서 한눈에 볼 수 있었다. 오스트레일리안 캠프 게스트하우스는 네팔전통 음식인 달밧과 모모가 맛이 있었고, 토종닭이 유명했다. 저녁 식사로 토종닭과 닭죽을 시켜서 단기선교를 온 사랑의 교회 청년들과 나누어 먹었다.

트레킹을 마치고 포카라 호텔에서 해단식을 했다. 언어에 관심이 많은 아내는 여행하는 내내 가이드와 포터에게 네팔어를 배우며 정이 들어 이별을 아쉬워했다. 감사한 마음을 담아 팁을 듬뿍 주고 다음에 다시 만날 것을 기약했다. 한국에서 남산을 오르내리며 근력을 키우고 일정을 여유롭게 잡아 서 네팔 트래킹은 힘들지 않았다. 음식도 입에 맞아 먹거리로 고생을 하지는 않았다. 그런데 나름 완전무장을 했다고 생각하고 갔는데, 눈에 대한 대비를 전혀 하지 않았다. 덕분에 눈 덮힌 산길을 내려오면서 미끄러져 죽는 줄 알았다. 아내가 고산병으로 쓰러져 한참을 누워있을 때는 불안했지만 기도로 이겨냈고, 이

또한 소중한 추억이 되었다.

하루일과를 마치면 그날 찍은 사진과 일과를 적은 글을 블로그와 페이스북에 공유하였다. 이를 위해 사진과 영상을 많이 찍어야 했다. 네팔의 인터넷 상태도 좋지 않아 편집하고 올리는데 시간이 많이 걸렸다. 여행하러 왔냐 사진찍으러 왔냐 하며 투덜거리는 아내의 눈치를 보며 기록을 남기는 일이 여행 중에 가장 힘들기도 했다. 1차 여행을 마치고 2차 여행을 가는 사이에 교회 단기선교팀과 합류했다. 일주일간 사랑코트에서 IT 도서관을 구축하여 개관식을 열고, 의료봉사를 하고, 장학생을 선발하였다. 성경암송과 찬양과 예배 후에, 맛있는 음식을 준비하여 마을 잔치를 열었다. 피아노 교습과 미술 시간을 갖고 시상도 했다.

트레킹을 하다 보면 과거를 잊고, 도시를 잊고, 사람을 잊게 된다. 오직 현재가 있고, 자연이 있고, 아내만 곁에 있다. 수천년된 고목을 바라보며 산길을 걷다 보면 내가 티끌처럼 미미한 존재라는 것을 깨닫게 된다. 하나님이 창조하신 자연의 신비함과 아름다움을 찬양하게 된다. 나를 내려놓으니 하나님이 보이고 미래에 희망이 보인다. 트레킹 내내 독백하며 노래했다. "참 아름다워라 주님의 세계는!"

누구나 네팔을 여행하다 보면 먼저 긍휼한 마음이 생긴다. 그리고 감사한 마음이 든다. 세상에서 가장 아름답다는 자연을 가진 네팔이지만 이곳에서는 걷기 힘들 정도의 매연 공해, 세계자연유산 속에서 행해지는 미신적 행위와 구걸하는 거지들, 길가에서 관광객들에게 초콜렛을 달라는 어린이들, 전기가 들어오지 않는 산속에서 마약하는 청소년들을 볼 수 있다. 내가 네팔을 위해 무엇이라도 해야 한다는 사명감이 생긴다. 25일간의 네팔 여행을 마치고 한국으로 돌아오니 후유증이 컸다. 자나깨나 네팔의 자연과 사람들이 그리웠다. 결국 나는 그해 9월, 17명의 솔리데오 가족들을 모집해 '꿈꾸는 네팔 여행'을 떠났다. 여행은 즐겁다. 여행은 생각을 하게 한다. 그리고 여행은 새로운 꿈을 꾸게 한다.

솔리데오 가족들과 함께 떠난 '꿈꾸는 네팔 여행'

여행은 즐겁다.
여행은 생각을 하게 한다.
여행은 새로운 꿈을 꾸게 한다.

Chapter 5

놀아야
꿈이 보인다

혼자 또는 함께 놀기

2021년 여름, 가족과 함께 강원도 양양 조카 집으로 휴가를 갔다. 조카 집은 38선 휴게소 건너편 잔교리 평화마을에 있어 바다로 산으로 놀러 다니기에 최적이었다. 바다에서 수영을 하고, 조개를 잡고, 맛집에서 물회와 막국수를 사 먹었다. 갓 따온 찰옥수수를 삶아 먹고, 저녁이면 조카가 잡아 온 생선과 고기로 바베큐를 하고, 반려견과 아침저녁으로 산책하며 행복한 휴가를 보냈다. 잠시였지만 그동안 잊고 지냈던 나의 고향 강릉에 대한 그리움이 되살아났다.

6년간 다니던 직장을 퇴직하고 다시 양양으로 내려갔다. 혼자만의 시간을 지내면서 기도하고 몸과 마음과 영혼을 새롭게 하고 싶었다. 첫 직장을 퇴임하고 안양 갈멜산 금식기도원과 태안 성경유물관에서 2주간 기도하며 지낸 적이 있었는데, 집중해서 기도하니 막연한 두려움이 없어지고 새로운 꿈이 생겼다. 이번에도 인생의 중요한 순간이라는 생각이 들어 기도로 새 출발을 하고 싶었다. 마침 교회에서 "새 영, 새 마음"이라는 주제로 새벽 세이레 기도회를 하고 있을 때였다. 새벽에 일어나 간절한 마음으로 온라인 예배를 드렸다. 아침에는 교회의 온라인 큐티와 김동호 목사님의 날기새로 큐티를 하고, 저녁이면 산책을 하며 성경 구절을 암송하고 블로그에 영성 일기를 썼다.

양양에서 반려견 라떼와의 동거도 시작되었다. 생후 10개월 된 라떼는 키가 크고 강한 근육을 가지고 있었다. 털은 융단처럼 부드럽고, 강력한 턱과 이빨을 가지고 있고, 후각이 뛰어났다. 미국에서 발생한 911 테러 때 구조견으로 활약한 케니스 펜더 견종으로 갈색에 흰띠가 있어 라떼라고 이름을 지었다. 아침저녁으로 라떼와 해변을 산책하고, 하루 세끼 밥과 간식을 챙겨주며 친구처럼 지냈다.

나는 천성적으로 사람들과 어울리는 것을 좋아한다. 좋은 사람을 만나면서 지식을 얻고 힘을 얻는다. 반면에 사람들에게서 상처도 잘 받는다. 사람은 믿을만한 존재가 아니라는 말을 좋아하지는 않지만 그럴 때가 많다. 양양에서 혼자 시간을 보내며 나쁜 기억은 잊기로 했다. 아름다운 과거를 기억하며 감사한 마음으로 지내기로 했다. 현재의 아름다운 자연을 즐기기로 했다. 미래는 하나님께 맡기기로 했다.

새벽이면 바다에 나가 일출을 보고, 밤이면 또 바다에 나가 달과 별을 보았다. 낮에는 바다에 나가 서핑하는 사람들을 보고, 모래 위에 누워 파란 하늘을 보았다. 새벽 바다는 아름답다. 파도가 만들어 내는 물안개 위로 검붉은 태양이 떠오르는 모습은 말로 표현하기 어려운 장관이다. 대낮의 바다도 아름답다. 날씨에 따라 매일 바뀌는 바다와 하늘 색깔의 조화가 아름답다. 검푸른 바다 위에 이는 하얀 파도 물결, 새파란 하늘 위로 흘러가는 하얀 뭉게구름이 한편의 그림 같다. 밤바다 또한 아름답다. 칠흑 같은 어두움이 달과 별의 영롱함을 빛나게 한다. 매일 모양이 달라지는 달과 쏟아지는 듯한 별을 바라보며 우주의 신비함을 느꼈다. 누가 이렇게 아름다운 자연을 창조할 수 있겠는가! 양양에서 창조주의 위대함을 날마다 발견했다.

양양에 머물면서 가능하면 점심은 주변 맛집을 찾아다니며 식도락을 즐겼다. 도루묵, 양미리, 꾹저구 뚜거리 탕, 곰치탕, 섭국, 물회, 막국수, 옹심이, 감자전, 황태국, 순두부 등 그리웠던 고향 음식을 마음껏 즐겼다. 양양전통시장, 주문진시장, 강릉중앙시장, 속초시장에서 사 먹는 간식도 맛이 있었다. 식사 후에는 전망 좋고 커피가 맛있는 카페를 순회하

ⓒ 이요셉

며 힐링의 시간을 가졌다. 가장 애용했던 곳은 솔향기언덕 '카페로그'로 맛있는 커피와 빵, 북카페의 다양한 책, 솔밭 산책길, 고급 음향 시설, 넓고 쾌적한 공간, 바다와 산을 바라볼 수 있는 아름다운 뷰를 지닌 최고의 카페였다.

아침저녁은 주로 내가 만들었다. 신선한 재료로 빨리 만들 수 있는 나만의 창의적인 요리를 만들려고 노력했다. 가장 좋아했던 고객은 큰 형님과 형수님과 조카로 황태 카레, 치즈말이 감자전, 짜장 스테이크, 해천탕 해신탕, 한치 튀김, 째복 칼국수, 파래 비빔밥, 홍게 라면과 홍게 죽에 대한 평가가 좋았다. 유튜브에서 '꿈꾸는요리'를 검색하면 내가 만든 요리들을 볼 수 있으니 한번 도전해보시기를 바란다.

양양에서 하루하루 즐겁게 지냈지만 혼자 있는 시간이면 외로움과 두려움이 느껴지는 순간들도 있었다. 미래에 대한 불안감이 느껴지기도 했다. 지인이 IT 회사 대표를 제안했지만 거절했다. 옛날로 돌아가고 싶지 않았다. 36년 직장 시대에서 해방되고 싶었다. 지금까지 나와 함께 하셨던 에벤에셀의 하나님, 지금도 나와 함께 계시는 임마누엘의 하나님이 나의 미래를 예비하고 계실 것으로 믿으니 마음이 편해졌다. 여호와이레! 여호와 닛시! 하나님을 믿을수록 담대한 마음이 생기고 미래에 대한 희망이 생겼다.

꿈꾸는 여행자 추천! 양양 맛집&여행지

[맛집]

꾹저구, 뚜거리
· 연곡꾹저구탕(강원 강릉시 연곡면 진고개로 2679 진고개로 2679)
· 강촌식당(강원 양양군 양양읍 안산2길 75)

생선탕, 조림
· 파도식당(강원 강릉시 주문진읍 주문로 168)
· 시장맛집(강원 강릉시 주문진읍 시장길 45-1)

막국수
· 송월막국수(강원 양양군 손양면 수산리 4-1)

섭국
· 해촌(강원 양양군 손양면 동명로 81)
· 해녀횟집(강원 양양군 현남면 매바위길 163)

황태죽, 국
· 감나무식당(강원 양양군 양양읍 안산1길 73-6)

물회, 미역국
· 장안횟집(강원 강릉시 사천면 진리항구길 51)
· 38횟집(강원 양양군 현북면 기사문길 46-1)

우동
· 38선휴게소(강원 양양군 현북면 동해대로 1242)

옹심이, 감자전
· 오뚜기식당(강원 양양군 양양읍 남문5길 9 시장상가내)

[카페]
· 카페로그/솔향기언덕(강원 양양군 현북면 송이로 86-32)
· 곳(강원 강릉시 사천면 진리해변길 143)
· 페르마타(강원 강릉시 사천면 진리항구길 39)
· 테라로사(강원 강릉시 사천면 순포안길 6)
· 마할로(강원 양양군 현남면 새나루길 35-1)
· 거북이서프바(강원 양양군 현남면 화상해안길 247)
· 파머스치킨(강원 양양군 현남면 동산큰길 44-39)

[시장]
양양전통시장, 주문진어민시장, 강릉중앙시장, 속초시장

[양양8경]
양양 남대천, 대청봉, 한계령, 오색주전골, 하조대,
죽도정, 남애항, 낙산사 의상대

[항구·해변]
인구항, 남애항, 동산항, 기사문항, 주문진항, 사천항, 휴휴암

[산·온천]
소금강, 설악산, 북설악, 펠레온천·약수터

함께 꿈꾸는 놀이터

양양에서 머무는 집의 이름을 '꿈꾸는 요새'라고 지었다. 요새는 적의 어떠한 공격에서 견딜 수 있도록 조직적이며 견고하게 구축된 군용 시설 또는 전략적 요지를 말한다. 이 집이 38선 경계 지역이고 근처에 8군단이 있어 군사적 요새라고 볼 수도 있지만, 하나님의 절대적인 보호와 안전 속에서 하나님의 꿈을 꾸는 곳이란 의미를 가지고 있다. 나는 "요새 요사이 뭐하지?"라고 묻는 사람들에게 "꿈꾸는 중이예요!"라고 대답한다. 그리고 "꿈을 꾸고 싶으면 꿈꾸는 요새로 오세요!"라고 초대한다. 낮에는 주로 양양 주변의 관광 명소인 양양 8경, 항구와 해변, 산과 온천을 여행하며 다녔다. 혼자 다니면서 사전답사를 하였다가, 지인

© 이요셉

들이 찾아오면 곳곳을 안내하며 기념 사진을 찍어 주었다.

양양에 내려가니 더 많은 사람들을 만나게 되었다. 일년에 몇 번 보다가 코로나 때문에 못 만나던 큰형님 형수님과 양양에서 6개월 내내 동거동락하며 지냈다. 부모님과 같이 나를 돌보아주신 두 분에게 조금이나마 보답할 수 시간이었다. 아내와 딸들, 형님들과 조카들도 자주 내려와 가족 간에 더욱 화목하고 행복한 시간을 보낼 수 있었다. 신앙의 형제들도 많이 찾아주셨다. 솔리데오 전임 회장단과 코엑스 마을 회원들이 단체로 방문해 주셨고, 부부동반 또는 개인적으로 오신 분들도 많았다. 조이어스교회 부부 순모임, FMnC 리플레쉬 수련회, 베트남 이광열 선교사 가족, 김기수 간사님과의 시간을 통하여 신앙적 코이노니아를 경험할 수 있었다.

강원도 양양 '꿈꾸는 요새'를 방문한 솔리데오 전임회장단

꿈꾸는 요새를 방문한 이상산 교수님과 깊은 대화를 나누다 성령충만함이 무엇인지에 대해 질문을 했다. 성령을 소멸하지 말라는 의미는 무엇인가? 성령도 휴대폰 배터리처럼 방전이 되나? 몇 퍼센트 충전되어 있는지 측정할 수 있나? 몇 퍼센트 이상이면 충만하다 할 수 있는가? 성령이 충만하지 않아도 천국에 갈 수 있는가? 그는 차분한 목소리로 들려주었다. "하루의 일상 속에서 얼마나 하나님이 내 삶의 주인이 되었는지 생각해 보면 되지 않을까요? 성령충만한 사람은 모든 일에 하나님의 뜻을 구하고 그 뜻에 따르는 사람이 아닐까요?" 질문으로 돌아온 그의 지혜로운 답변에서 보름달처럼 빛나는 예수님의 모습을 볼 수 있었다.

초등학교, 중학교 동창 고향 친구들도 찾아왔다. 점심을 먹으러 온 초등학교 여자 동창 4명은 저녁까지 먹고 갔는데 다음날 다시 와서 신중년의 삶을 함께 나누었다. 전 직장의 동료들과 선배들, 최근까지 같이 일했던 지인들, 전 직장의 고객들과 파트너들, 나의 도움이 필요한 사람들이 찾아와 즐거운 만남을 가졌다. 양양에 오시는 분들과 함께 하는 소중한 여행을 기록으로 남겼다. 경치가 좋은 곳에 가서 사진과 영상을 찍고 구글 앨범을 만들어 드렸다. 몇몇 분들은 캘린더나 포토북을 선물로 만들어 드렸다. 여행의 행복한 순간들을 영상으로 편집하여 유튜브에 올리고 페이스북이나 인스타그램에 공유했다. 이 일을 하다 보니 연출, 촬영, 편집 기술이 일취월장하였고 사람들은 나를 최종원 PD 라고 부르기 시작했다. 유튜브에 들어가 '꿈꾸는 요새'로 검색하면 수백편의 나의 작품들을 볼 수 있다.

송인선 사장님 부부가 38주년 기념으로 양양을 방문했다. 38년 의미를 살리려고 38선휴게소 해변에서 시작하여 기사문항, 휴휴암, 기사문항, 양양전통시장, 솔향기언덕 카페로그를 돌며 기념 촬영을 했다. 절친 김성일 대표의 도움으로 인생 사진을 촬영하고, 12분 영상과 함께 포토북과 캘린더를 만들어 드렸다. 병원에서 같이 일했던 지인이 아들을 데리고 와서 2박 3일간 머물렀다. 꿈꾸는 요새 최연소 방문자, 7살 지성이는 게임을 좋아하는 개구쟁이 아이로 우리 가족들과 함께 잘 어울리며 지냈다. 캠핑카에서 잠을 자고, 라떼와 놀고, 바다에 가서 모래성을 쌓으며 놀던 지성이는 요새가 호텔보다 좋다고 했다. 유튜버가 꿈이라는 지성이를 모델로 '지성이가 바라던 바다'라는 제목의 영상을 만들어 올렸다.

꿈이 이루어지는 이야기, 시스토리 Sistory

네팔에서도 그랬지만 도시가 아닌 자연 속에서 지내다 보면 세속적인 것들을 잊고 새로운 나를 발견하게 된다. 양양에서 보낸 6개월도 그랬다. 아침저녁으로 반려견 라떼와 산책을 하다 보니 하루 2만보 이상을 걸었다. 걷다 보면 많은 것을 보게 되고, 많은 것을 생각하게 된다. 이웃과 친하게 대화를 나눈 적이 있었던가? 주변 가게 상인들과 인사를 나누며 지냈는가? 이웃과 사회를 위해 선한 일을 했는가? 어떻게 해야 의미 있고 가치 있는 미래를 살 수 있을까?

양양에서 6개월간 시골살이 하면서 닫혔던 내 마음이 열리기 시작했다. 딱딱했던 내 마음 밭이 부드럽게 녹기 시작했다. 동물을 키우기 싫어하던 내가 반려견 라떼를 키우며, 라떼를 자녀처럼 돌보게 되었다. 이웃에게 먼저 다가가고, 마트 주인과 아침 인사를 나누고, 나를 만나러 온 지인들과 진정성 있는 대화를 나누게 되었다. 일상의 모든 것에 자족하고 감사하게 되었다. 무엇보다 '새 영, 새 마음' 새벽세이레 예배 설교 말씀에서 새 비전을 받았다.

· · · · ·

> "하나님이 말씀하시기를
> 말세에 내가 내 영을 모든 육체에 부어 주리니
> 너희의 자녀들은 예언할 것이요
> 너희의 젊은이들은 환상을 보고
> 너희의 늙은이들은 꿈을 꾸리라"
>
> 사도행전 2장 17절

· · · · ·

이 말씀을 묵상하며 기도를 하다가 새로운 회사를 떠올리게 되었다. 회사 이름을 시스토리 Sistory [5] 로 짓고 기업의 스토리텔링 전략과 홍보 마케팅 콘텐츠를 서비스하는 회사를 꿈꾸게 되었다. 그리고 7년 전 중국에서 만난 권인택 대표의 제안으로 새로운 일들도 하게 되었다. 오픈놀은 취업 준비생의 취업을 도와주는 미니인턴 사업과 청년 스타트업과 소상공인들을 지원하는 사업을 하고 있다. 시니어들을 위한 사업 또한 추진하던 권인택 대표는 나에게 함께 하자고 제안하였다. 나는 오픈놀의 고문을 맡으며 사내벤처 사업을 추진하기로 하고 합류했다. 그리고 오픈놀에서 하고 있는 '서울청년창업사관학교'와 '소담스퀘어 in 당산' 일을 돕게 되었다.

청년창업사관학교는 대한민국을 이끌어갈 혁신적인 청년 CEO를 양성한다는 목표로 2011년 안산에서 개소되었다. 기술창업 위주 청년 창업자를 선발하며 창업 전 과정을 일괄 지원한다. 국가적으로 창업이 활성화되는 가운데 생계형 창업은 늘어나지만, 청년창업과 첨단 고기술 혁신 창업은 지속적으로 축소되고 있다. 창업에 대한 불확실성이 크기 때문인데, 정부에서는 청년들에게 창업 초기에 필요한 것들 사업비, 작업공간, 교육, 코칭, 판로 지원, 투자 유치, 정책자금 융자 등 을 One-Stop으로 지원한다. 첫해 180억 원을 시작으로 매년 증액하여 2021년에는 무려 1000억 원이 넘는 돈을 지원하였으니, 청년 창업자들에게는 큰 도움이 되었다.

2022년부터 서울청년창업사관학교 12기 코치로 일하게 되었다. 코치로 일하면서 10명의 청년 CEO들을 만나게 되었다. 창업 후 3년 이내로 20대 후반에서 39세까지의 청년 CEO들과 매주 만나 코칭하면서 오히려 내가 많은 것을 보고 배우게 된다. 학교를 졸업하고 바로 창업하는 청년들도 있지만 대부분 직장을 다니다가 혁신적인 아이디어를 가지고 창업의 길에 뛰어든 청년들이 대부분으로 도전 정신과 열정이 대단하다.

청년창업사관학교에서 청년 CEO들과 함께

시스토리를 창업하고 사무실은 당산역 근처에 있는 '소담스퀘어 in 당산' 공유오피스를 예약제로 사용하게 되었다. '소담스퀘어 in 당산'은 중소벤처기업부와 중소기업유통센터가 주관하고 오픈놀이 운영하는 디지털커머스 전문기관으로, 소상공인들의 디지털 사업 촉진 및 고도화를 통한 자립적 성장을 지원한다. 촬영 및 편집 장비를 대여하고, 소상공인 디지털 역량 강화, 제품 홍보, 온라인 판로 개척, 네트워크 활성화 등을 지원한다. 8층 스튜디오 건물은 공유오피스 2층, 카페테리아 3층, 제품 스튜디오 4층, XR 스튜디오 5층, XR 미디어아트 스튜디오 6층, 교육장 7층, 컨셉 스튜디오 8층로 되어 있다.

소담스퀘어 in 당산에서 유닛미 청년들과 함께 피자 파티

서울청년창업사관학교와 소담스퀘어 in 당산에서 만나는 청년 CEO들을 코치하면서 느끼는 보람과 기쁨은 이루 말할 수 없다. 그들의 꿈이 나의 꿈인 것처럼 느껴질 때가 많다. 그럴 때면 내가 그들의 꿈을 빛나게 할 수 있다는 생각이 든다. 그들에게 나의 경험과 지식을 들려주고, 그들과 관련이 있을 만한 나의 인적 네트워크를 소개해서 비즈니스 협력이나 투자가 이루어질 수 있도록 도와준다. 전문가들

의 특화 코칭을 받을 수 있도록 연결해 주고, 대표들 간의 지식 공유가 이루어질 수 있도록 SCOP 재능기부 활동을 지원한다. 회사나 대표에 대한 홍보가 필요한 경우에는 언론과 연결해 주고 내가 직접 블로그나 유튜브를 만들어 소개하기도 한다.

충전과 탐색으로, 새 길을 찾는 여행

직장 생활 기간 중 가장 보람 있었던 일은 사람을 육성하는 일이었다. 그래서 항상 신입사원 교육에 강사로 나섰고, 글이나 강의로 후배들에게 유익한 것들을 전하려고 노력했다. 임원 때 '데일 카네기 CEO 과정'에서 인간관계와 리더십을 공부하고, 이후 세 차례나 코치로 일하며 '코칭 CEO'의 비전을 세웠다. CEO에 취임하자 나는 회사 내에 '비전스쿨'을 만들고 매주 토요일마다 직원들을 코치했다. 회사 경영뿐 아니라 직원들의 삶과 진로를 코치해 주는 CEO가 되고 싶었다.

바쁜 직장 생활 속에서도 나는 사람들과의 관계와 신의를 소중하게 여기고, 지키려 노력했다. 함께 일한 선배나 후배들을 도우며 좋은 관계를 맺고, 친구 자녀나 어려운 이웃 등 도움이 필요한 이들을 위해 동분서주하며 뛰어다녔다. 문제가 있으면 그 속으로 들어가 해결하는 중재자의 역할도 마다하지 않았다. 직장 시대가 끝나면, 사람들과의 관계가 끊어지기 쉽다. 그러나 나는 그렇지 않았다. 나에게 도움을 주신 분들의 은혜를 잊지 않고 갚으려고 했고, 그 은혜를 사회에 환원하려고 뛰어다녔다. 덕분에 퇴직 이후에도 여전히 많은 이들과 이어져 있다.

내가 많은 이들과 함께 하며 나누고 도우며, 화목하게 지낼 수 있었던 것은 부모님과 형제들로부터 배운 성품과 리더십 덕분이다. 부모님은 성품이 인자하셨고 형제 우애와 가정 화목을 주요한 덕목으로 가르치셨다. 부모님은 형제 대부분을 중학교 때부터 서울로 보내시고 6형제가 대학을 졸업할 수 있도록 땅을 팔아 지원해 주셨다. 부모님이 일찍 돌아가시고, 큰형님은 풍족하지 않은 살림에도 우리 형제들을 다 돌보아주셨다. 나와 16살 차이가 나는 큰형님은 내가 가장 닮고 싶은 분이다. 큰형은 집에서 중재자 역할을 잘 해주셨고, 덕분에 우리 형제자매들은 우애있게 잘 지낸다. 큰형의 헌신과 중재가 집안을 살렸다. 직장 생활을 하면서도 큰형의 책임과 헌신을 늘 떠올렸다. 이 책을 쓰며 나를 낳아주신 부모님과 키워주신 형들과 누나의 헌신을 더욱 진하게 느끼며 감사드린다.

회사는 선택할 수 있어도 동료와 상사는 선택할 수 없다는 말이 있다. 그런 의미에서 나는 좋은 상사 복을 타고난 사람이다. 내가 모시던 사장님들은 나의 상사이자 스승으로 성장의 디딤돌을 만들어 주셨다. 나에게 사내벤처팀장을 맡기시고 미국 컨퍼런스에 데리고 다니며 견문을 넓혀 주시고 은행컨설팅 업무를 경험하게 해주신 최관희 사장님, 마케팅팀장을 맡기시고 LG경영성인재 교육에 차장 1년 차를 보내주신 최상규 사장님, 전략기획팀장을 맡기시고 IMF 위기 시절 양사 겸임 사장을 하시며 나를 도와주신 이해승 사장님, 누구보다도 나를 믿고 임원으로 승진시키시고, 금융·공공·해외 사업부장을 맡기며 후임 사장이 되도록 도와주신 이기동 사장님께 감사드린다.

환갑이 지난 나는 요즘 신세대 용어로 'N잡러'이다. 본업 이외에도 여러 가지 일을 하고 있으니 'N잡러'로 나를 표현할 수 있다. 그러나 나는 일자리를 찾지 않았다. '선한 일거리'를 찾다 보니 좋은 일자리가 생겼다. 100세 시대, 평생 일해야 하는 시대다. 평생 일을 하려면 직업의 전환이 몇 차례는 일어나야 한다. 그래서 나는 퇴임할 때마다 충전하는 시간과 새로운 길을 탐색하는 시간을 가졌다. 여행을 하며, 그리고 혼자 또는 함께 놀며 충전하고, 탐색하다 보니 인생의 새로운 길을 찾을 수 있었다.

내가 찾은 새 길은 시니어 창업이고, 내가 맡은 새 일은 '시스토리 Sistory' 대표이다. 시스토리를 통해 사회적으로 가치 있는 일을 하며, 시니어 창업의 성공적인 롤모델이 되기를 꿈꾼다. 첫째, 창의적인 아이디어와 기술을 가진 열정적인 청년 CEO들과 경험과 자금과 인적 네트워크를 가진 전통적인 기업가들을 연결하여 사업의 시너지를 배가 시킨다. 둘째, 시니어들이 인생을 아름답게 '뷰티플 브랜딩' 할 수 있도록 새로운 일자리와 일거리를 제공한다. 셋째, 다음 세대 청년들이 꿈을 꾸고 비전을 볼 수 있도록, 진로를 멘토링하고 취업과 창업을 코치하고 지원한다.

27세에 신입사원으로 입사해서, 일본 지사에서 창업하다시피 사업을 하다가, 한국에 돌아와 사내벤처 과장 - 마케팅 차장 - 전략기획 부장 - 경영기획 담당 - 사업부장 상무 - 대표이사 사장으로 성장했다. 퇴임 후에는 의료재단에 들어가 경영총괄대표를 하며 두 개의 기업과 두 개의 병원 설립에 참여했다. 그리고 63세에 시니어 창업을 하게 되었다. 모두 하나님이 강하게 붙드시는 팔로 하신 일이었다. 하나님은 내 삶에 동행하시며 나를 인도하시고, 내 삶에 풍성한 열매를 주셨다. 이제 나의 경험과 네트워크를 청년 CEO들에게 나누며 이들에게 도움이 되기를 간절히 소망하고 기도한다. 나의 꿈이 당신의 꿈을 빛나게 하기를.

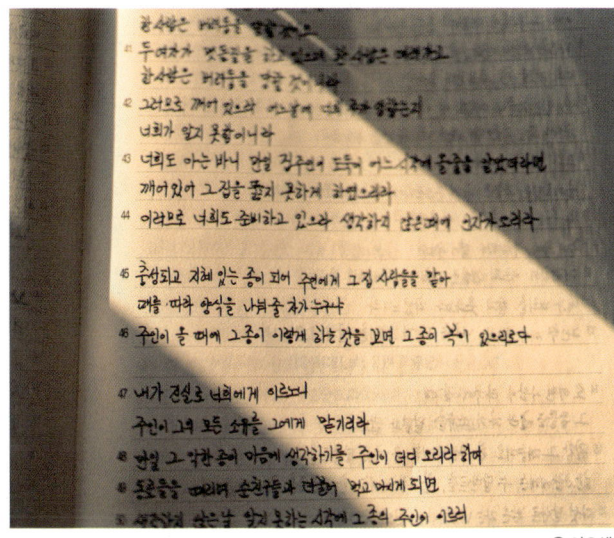

ⓒ 이요셉

말씀을 묵상하며
일상의 모든 것에 자족하고
감사하게 되었다

ⓒ 이요셉

부록

시스토리
Sistory

Sistory 1

✨ 위커스 이승찬 대표의 창업일기

흔히들 '청년 창업가'라는 표현으로 사람들이 나를 부르곤 한다. "젊은 친구가 대단하다"라는 표현도 꽤 많이 들었다. 약 3년 동안 3개의 브랜드 론칭, 무인스터디카페 프랜차이즈 매장 약 60개를 오픈하였고, 공간대여 무인화 플랫폼 AIOT KIOSK &고스카& 으로 사업의 영역을 확장해 가는 과정이 표면적으로는 그럴듯해 보여 이러한 표현을 들을 때가 있지 않을까 싶다.

이런 나의 삶을 관통하는 가장 큰 감정을 표현하라고 하면 불안감일 것이다. 어린 시절에는 아버지의 사업 실패로 가족의 재정적 불안감에 대한 억울함이 있었다. 초등학생 때, 아버지가 종양 암 에 걸려 항암 치료를 받게 되었는데, 아버지는 마치 감기 걸린 것처럼 "별것 아니다"라는 식으로 치료를 받으셨다. 부모님은 자식들에게는 어떤 힘든 내색도 하지 않고, 묵묵히 나와 형에게 끊임없는 신뢰를 주었다. 그래서, 어렸을 때부터 억울해서라도 잘 먹고 잘 살기로 결심했다.

정작 결심과는 무관하게, 어떻게 해야 잘 먹고 잘 살 수 있는지를 알려줄 수 있는 사람은 없었다. 공부를 왜 해야 하는지도, 어떻게 해야 부를 축적 할 수 있는지도, 돈을 보는 자세에 대해서도, 결정적으로 부를 축적해야 하는 이유에 대해서도 전혀 이해가 없었다. 하지만 충분한 돈이 없으면 얼마나 삶이 힘들어질 수 있는지에 대해서는 누구보다 몸소 체험으로 알고 있었다.

그렇게 대학 진학의 기준도 결국 취업이 잘 될 수 있는 곳이었고, 대학생활 자체가 취업을 위한 '스펙 쌓기'의 여정이었다. 10대에 학업에 소홀해 왔기에 스펙 쌓기는 보통 사람 이상의 노력이 필요했다. 그래서 매일 도서관에 출근 하다시피 했다. 특히나 첫 토익 255점에서 800점대로 점수를 만드는 대에는 5년의 시간이나 걸렸다. 암기 능력이 좋지 못하여 많이 괴로웠지만 억지로 참으면서 공부를 했던 기억이 있다. '스펙 쌓기'는 대학생 시절의 미래, 취업에 대한 불안감을 해소하는 유일한 출구였던 것이다.

그 결실로 합격한 대기업 네 곳 중에서, 신입사원 연봉 1위라는 기사를 보고 현대모비스를 선택하여 입사할 수 있게 되었다. 한 분야의 전문가가 되겠다는 꿈으로 차 있었고, 월급과 성과급은 달콤했다. 입사 후 3년차 쯤에는 월급이 들어왔는지도 확인하지 않게 되었다. 5년 후, 10년 후에도 계속 월급이 들어올 것을 알고 있었던 것이다. 신변에 큰 변화만 없으면 20년 후에도 내 월급은 오를 것이라는 믿음도 있었다. 처음으로 미래에 대한 불안함으로부터 자유로울 수 있었다.

연구원으로서 램프 광학설계, 벤치마킹, 특허 등 다양한 개발 업무를 수행을 하였다. 그러던 중에, 우연히 모바일 게임을 하다 알게 된 MGMC의 이송구 대표님이 밥을 사주겠다고 하여 만나게 되었다. 잠깐의 만남이었지만, 충격적이었다. 그는 마흔 살에 자수성가한 사업가의 모습이었다. 원하는 시간에 출근하고 퇴근할 수 있었다. 경제적으로 자유로웠고, 여유로운 모습이었다. 처음으로 타인의 삶이 부러웠다.

대학생 시절 수업시간에 교수님께서, 1분 자기소개를 해보라 한 적이 있다. 준비 없이 즉흥적으로 하는 자기소개였는데 이렇게 이야기를 하였다.
"붕어빵을 굽더라도 사장이 되고 싶습니다. 사장이 되기 위해서 리더십 함양과 전문 지식 습득 두 가지 측면을 개발하고 있습니다. 리더십은 ROTC 후보생을 하며 조직 관리에 대한 배움을 얻고 있습니다.

연구실에서 연구실 최초로 식용유로 고무를 제작하는 바이오러버 프로젝트를 성공시키면서 전문 지식을 쌓고 있습니다."
정작 이 수업이 끝나고 가야 할 곳은 도서관임을 알고 있으면서 이렇게 얘기했던 것이다.

첫 사업의 기회는 우연히 술자리에서 시작되었다. 2018년도에 회사를 다니고 있던 중에 술자리에서 무인 스터디카페라는 것을 처음 듣게 되었다. 회사를 다니며 하기에 좋은 투잡이라고 하여 한번 해 보아야겠다고 술자리에서 결심을 했고, 동업자를 모았다. 보유하고 있던 경험이라고는 포털 사이트 검색능력과, 자취방 부동산 계약이 전부였지만 방법을 찾으면 된다고 생각했다. 필요한 것이 무엇인지 먼저 정의했고, 하나씩 방법을 찾아 나갔다.

부동산을 찾고, 인테리어 관련 서적과 유튜브를 찾아보기 시작했다. 인테리어 업체도 만나게 되었는데 도면이 마음에 들지 않아 직접 도면을 그리기 시작했다. 셀프인테리어를 시작하게 된 것이다. 내 자신을 미래에 대한 불안한 상태로 내던지게 된 것이다. 사람들은 이런 내게, "사업 하면 망한다" "카페 시장은 포화다"라고 걱정을 많이 해주었다. 감사한 걱정에 힘입어 1호점은 3달 만에 만석이 되었다, 2호점을 오픈하였는데 시험 기간 주말이면 아침 10시부터 밤 10시까지 만석을 유지했다. 회사를 다니고 있었는데 수시로 성과금 받는 기분을 느낄 수 있었다.

2019년도에 인생에 첫 경제적 안정감을 찾아준 회사를 결국 퇴사 하였다. 사실, 큰 가치를 위해서라거나, 세상을 바꾸고 싶다거나 하는 원대한 꿈이 있는 건 아니었다. 열정이 있던 신입사원 시절, 본인 업무 편의를 위해 책임전가를 하는 모습을 매우 싫어했었다. 그 모습에 가까워지는 나를 발견하게 되었고 떠날 때가 되었다고 생각했을 뿐이었다. 그래서 다짜고짜 사직서를 제출하였다.

더 이상 정해진 시간에 출근을 안 해도 되었다. 업무를 지시받지 않아도 되고 책임 소재로부터 자유로워졌다. 월급도 없었다. 무한한 자율을 얻은 대가는 무한한 책임을 져야 한다는 중압감으로 다가왔고 '생존'이라는 단어만 남게 되었다. 생존을 위해 선택한 것은 스터디카페였다. 생계와 공부를 병행할 생각으로 데일리 스터디카페를 론칭하였다. 여기에 맞춰 기존의 비싼 키오스크를 대체하기 위해 테블릿형 무인 매장 운영시스템 고스카를 출시하였다.

미래에 대한 불안함을 극복하기위해 취업을 선택했고 취업을 해서 안정을 찾았더니 불안함으로 스스로 내던졌다. 난 왜 그랬을까? 과거에는 "왜 사업을 하나요?" 라는 질문에 경제적 자유를 얻기 위해서라고 포장을 했다. 지금은 같은 질문이 오면 "그냥 운명 같아서요" 라고 답변하게 된다. 불안함을 있는 그대로 직면할 수 있는 조그만 용기라도 생긴 것이 아닐까.

유닛미 김성윤 대표의 창업일기

돌이켜보니 안정적인 직장 생활을 그만두고 사업을 시작한 지, 어느덧 2년. 미국에서 직장 생활을 하며 안정적으로 살 수 있는 영주권 발급 절차를 진행 중이었지만, 나는 나의 꿈을 실현하기 위해, 직장 그리고 영주권을 포기하고 창업을 시작했다. 어떻게 보면, 미국 생활을 하며 이루어낸 모든 것을 포기하고 처음부터 창업을 시작한다는 것이 무모한 도전일 수 도 있다.

그렇지만 내가 창업을 결심한 이유는 크게 보면 2가지로 볼 수 있다.

첫 번째. 나의 꿈, 내가 이루려는 가치를 공감해 줄 수 있는 팀원을 만나게 된 것이다. 사실 나의 실현가치를 공감해줄 수 있는 팀원을 만나는 것은 정말 큰 '행운'이었다. 낯선 땅 미국에서 운명처럼 팀원들을 만났다. 한 명은 무려 직장상사였지만 함께 일을 하며 서로 고충을 토로하고 진솔한 대화도 나누던 사이였다. 어느 날, 오랫동안 실현하고 싶었던 '꿈'에 대한 이야기를 꺼냈다. 놀랍게도 그 팀원 또한 나와 비슷한 생각을 가지고 있었고 그 가치에 공감해 주었다. 그렇게 첫 번째 팀원이 창업에 합류하게 되었다.

아이디어를 시각적으로 풀어낼 수 있는 팀원이 필요하던 시점에 두 번째 팀원을 만나게 되었고 실현 가치에 대한 이야기를 하게 되었다. 그 팀원 또한 이야기를 듣는 순간, 서비스의 가치에 깊게 공감하였고 정말 그 서비스가 있다면 재밌겠다며 함께 합류하고 싶다는 의사를 밝혔다. 우리는 그렇게 처음 모이게 되었다. 사실 아이디어 하나만 가지고 그들이 모인 것은 아니다. 그들은 말한다. 그동안 보아왔던 나의 실행력, 잠재적인 능력, 그리고 이 가치를 실현할 수 있다는 믿음이 있었기에 함께 창업을 시작할 수 있었다고. 그때 팀원들을 보며 확신했다. "이 멤버들과 함께 한다면 무엇이든 만들어 낼 수 있겠다."

두 번째는 내가 만들고 싶은 세상을 실현하고 싶었다. 나는 학창 시절부터 창업의 꿈을 꾸어 왔다. 하지만 아이러니하게 나는 어릴 때 사업을 절대 하지 않겠다고 친구들에게 말해왔다. 그 이유는 부모님이 사업을 진행해오면서, 힘들어하신 모습을 옆에서 겪었기 때문이다. 이런 모습을 보고 자라왔던 나에게는 무엇보다도 '안정적인 직장', '안정적인 월급'을 받으면서 회사 생활을 해야겠다는 목표를 가지고 있었다. 하지만, 이러한 목표는 내가 비로소 다양한 경험을 통해 '성장'하면서 자연스럽게 바뀌게 되었다.

대학교 생활을 하며 창업에 가장 근접한 서비스를 만들어 보았고, 그리고 미국 실리콘밸리에 있는 스타트업 회사를 다니며 다양한 경험을 하다 보니, 나도 창업을 하고 싶다는 막연한 목표가 생겼다. 창업을 통해 나와 같은 가치관을 가진 사람들이 모여 세상에 꼭 필요한 서비스를 만들겠다는 막연한 꿈이 생겼다. 그리하여, 나의 모든 열정과 의지를 쏟아부을 준비가되었다는 확신이 생겼다.

2020년 5월 미국에서 이루어낸 모든 것을 정리하고, 우리 팀원은 하나둘씩 한국에 넘어오게 되었다. 넘어 올 때, 나에게 있던 자원은 현금 10,000달러, 그리고 어떤 서비스도 실현할 수 있는 팀원들, 그리고 1인 창조 기업 지원을 통해 확보한 사무실 밖에 없었다. 하지만, 우리가 서비스의 MVP를 만들기 위해서는 최소한의 지원이 필요했기에 우리는 정부 사업 확보를 1차적으로 목표로 두었다. 그리하여 그해, 우리는 정부 사업을 시작으로 우리의 사업을 본격적으로 시작할 수 있게 되었다. 이때만 하더라도, 우리는 이 아이템을 만들면 순조롭게 투자도 받고 매출을 확보할 수 있을 줄 알았지만, 현실은 파란만장한 미래와 달랐다. 우리가 만든 서비스는 고객들에게 있어 너무 생소하고 불편한 서비스였다. 결국 우리는 실패를 경험하게 되었다.

그렇다고 우리 팀은 의기소침하지 않았다. 무엇 때문에 불편한 것인지, 왜 이 서비스에 관심이 없는지 우리는 고객들을 한명 한명 만나며 의견을 수렴했다. 이를 바탕으로 우리는 2021년 상반기 청년창업사관학교를 진행하며 우리 서비스를 개선하였고 이를 바탕으로 현재 30개 넘는 기업들과 유저 3,000여명이 쓰는 플랫폼으로 이제 막 발걸음을 띄게 되었다.

2022년 현재도 우리는 서비스를 계속적으로 고도화하며, 사업적인 역량을 계속 키워나가고 있다. 매 순간이 우리에게는 정글과 같았다. 하지만 우리가 창업을 계속적으로 이어가는 이유는 우리 또한 이 서비스를 통해 성장하고, 이 서비스를 통해 사람들의 삶을 바꾸어 나가고 있기 때문이다.

누군가가 물어보았다. "대표님은 사업하는 것을 후회 하시나요?" 나의 대답은 고민도 없이 "아니요!" 였다. 그 이유는 내가 선택한 창업의 길이 힘들지만 이를 통해 나 또한 많이 성장하고 있고, 꿈을 위해 계속적으로 앞을 보고 나아가고 있기 때문이다. 누군가 만약 직장 생활을 하며 또는 학업을 다니며 창업을 꿈꾸고 있다면 이 말을 전해주고 싶다. "창업이 쉽지는 않아요. 하지만 하고 싶다고 결정했다면 고민만 하지 말고 먼저 실행하세요! 만약 준비가 덜 된 것 같다면, 본인이 하고 싶은 창업 아이템과 연관된 직장 생활 그리고 학업 생활을 경험하고 역량을 먼저 키울 수 있다면 큰 도움이 될거에요" 라고 말해 주고 싶다.

창업은 나에게 있어, 정글에서 모험하는 것 같다. 내 키보다 큰 잡초가 나의 앞을 막고 있고, 길을 헤쳐나가기 위해 한발 한발 떼다 보면 위험한 말벌이 나타날 수도 있고, 또는 나와 같은 벗을 만날 수 있고 양갈래 길이 나오면, 어떤 길을 선택해야 올바른 길인지 생각해야 하고 이러한 모든 과정을 헤쳐나가야 하는 모험과 같다. 어느덧 나는 이러한 정글을 헤쳐나간 지 2년이 되었다.

주

1) ITMC(IT Mission Conference)는 로렌 커닝햄(Loren Cunningham) 예수전도단 설립자가 80세의 나이에 하나님 말씀을 온라인으로 전파하고, 그것을 한국에서 시작하라는 하나님의 응답으로 2013년 시작됐다. 초기부터 FMnC(과학기술인 선교회)가 맡아 운영하며 2년마다 한국에서 진행되고 있다. | **본문 29P**

2) 오픈놀은 2012년 진로 교육 기업으로 설립되어 취업·진학·창업 교육으로까지 확대되며 2022년 상장을 앞둔 기업으로 성장했다. 특히 2017년 '스펙 안 봐요, 실력만 봐요'라는 캐치프레이즈와 함께 출시한 채용 플랫폼 '미니인턴'이 큰 성공을 거뒀다. | **본문 31P**

3) WTIT(국제정보기술민간협력기구)는 국가간정보화격차해결과 제3세계 국가정보기술 이용확대 문화활동지원을 위한 비영리NGO단체. 국제정보화봉사단을 제3세계에 파견하여 정보기술의 이용을 돕고 있으며, 그 곳에 컴퓨터센터를 구축하고, 미래 세대를 위하여 정보기술 교육사업에 최선을 다하고 있다. | **본문 81P**

4) FMnC는 지식 기반의 사회가 요청하는 초교파 과학기술경영 전문인 선교단체다. 선교 접근 제한지역이 증대되고 있는 추세에 새로운 전문인 선교 전략으로 과학기술경영 지식을 통해 창의적인 선교 전략을 개발하고, 타 교회 및 선교 단체와 상호 협력하여 미전도 종족을 섬기고 있다. IT를 선교의 주된 선교 전략으로 활용하는 대표적 선교 단체로, '스마트 선교'라는 새로운 선교 시대를 앞장서서 열고 있다. | **본문 99P**

5) 시스토리(Sistory)는 See History의 합성어로 5가지 단어의 이니셜(See, Sea, Senior, Synergy, CEO)이 가진 의미를 담고 있다. | **본문 164P**

- 이 책의 판권은 지은이와 시스토리에 있습니다.
- 이 책 내용의 전부 또는 일부를 재사용하려면 반드시 양측의 서면 동의를 받아야 합니다.

퇴직 이후 놀이 · 여행 · 창업 이야기

나의 꿈이
너의 꿈을 빛나게

초판 1쇄 발행 2022년 8월 20일

지은이 최종원
편집자 김현정

사진 이요셉
디자인 김석범

발행인 최종원
펴낸곳 시스토리
등록 제2022-000186호
주소 서울특별시 강남구 테헤란로 409, 4층 1호
이메일 jwchoi6009@gmail.com
ISBN 979-11-979727-0-6
값 12,000원